Le goût du bonheur

BARBARA McMAHON

Le goût du bonheur

COLLECTION HORIZON

éditions Harlequin

Si vous achetez ce livre privé de tout ou partie de sa couverture, nous vous signalons qu'il est en vente irrégulière. Il est considéré comme « invendu » et l'éditeur comme l'auteur n'ont reçu aucun paiement pour ce livre « détérioré ».

Cet ouvrage a été publié en langue anglaise
sous le titre :
THE PREGNANCY PROMISE

Traduction française de
MARIE-CHRISTINE DERMANIAN

83-85, boulevard Vincent-Auriol, 75013 PARIS — Tél. : 01 42 16 63 63
Service Lectrices — Tél. : 01 45 82 47 47
ISBN 978-2-2808-5039-1 — ISSN 0993-4456

1.

Lianne O'Mallory resserra un peu plus le plaid autour d'elle. Le vent qui soufflait de l'océan était imprégné de senteurs salées. Il faisait froid, mais, les yeux rivés sur l'immensité grise, elle le remarquait à peine. La pluie avait cessé de tomber depuis une demi-heure et, à l'horizon, la couleur granit du ciel se fondait avec celle de l'océan.

C'était une journée épouvantable. Une journée en accord avec son humeur. Lianne refoula les larmes qui lui brûlaient les paupières, et balaya lentement du regard la plage déserte au bord de laquelle se trouvait le cottage familial.

Les mots de son médecin traitant lui martelaient l'esprit sans relâche. *Une hystérectomie.*

A vingt-huit ans à peine, elle n'était certainement pas prête à s'entendre assener une telle sentence. A vingt-huit ans à peine, elle espérait bien rencontrer l'homme de sa vie, l'épouser et fonder une famille. Or cela ne se produirait jamais si elle subissait cette opération. Après s'être imaginé avoir toute la vie ou presque devant elle, elle s'apercevait qu'elle ne disposait plus que de quelques mois. Et ce, à cause de règles infiniment douloureuses qui l'empêchaient de mener une vie normale quelques jours par mois ! Cette solution, pour le moins radicale, était là la seule qu'avait été en mesure de lui fournir le médecin qui la suivait depuis longtemps.

Elle pressa en grimaçant la bouillotte sur son ventre, que venait de traverser une crampe fulgurante. La chaleur et les antalgiques lui apportaient un certain soulagement, mais rien n'avait jamais été capable d'enrayer la douleur. Douleur qui, au fil du temps, ne faisait qu'augmenter jusqu'à devenir parfois insupportable.

Bien sûr, elle n'envisageait pas de se soumettre à une opération pareille sur un seul avis médical. En dépit de toute la confiance que lui inspirait le Dr Wright, elle consulterait un spécialiste, et un autre encore s'il le fallait. Elle avait d'ailleurs déjà pris rendez-vous chez un gynécologue, sans pour autant attendre de miracle. Ce n'était qu'une question de temps. Et puis, son médecin n'aurait pas posé un tel diagnostic à la légère.

En se rendant chez le Dr Wright, elle pensait

que celle-ci lui proposerait un nouveau traitement. Que, par un quelconque miracle, une molécule découverte tout récemment lui changerait la vie. Mais la visite ne s'était pas déroulée comme elle l'espérait. Accablée par le verdict sans merci, elle était montée dans sa voiture et avait conduit jusqu'à la plage où se trouvait le cottage qui appartenait à la famille depuis trois générations. Elle s'était réfugiée là pour mettre un peu d'ordre dans ses pensées, tenter d'y voir plus clair.

Le terme de « cottage » ne rendait pas justice à cette demeure dotée de cinq chambres à coucher, et d'une cuisine assez grande pour préparer des repas pour vingt personnes. Car ils se retrouvaient souvent à vingt, en été. Mais sitôt les beaux jours passés, plus personne ne venait. En ce mois d'octobre, le cottage était donc le lieu idéal pour se réfugier et réfléchir posément.

Lianne n'avait informé personne de sa retraite et du motif de cette retraite. Pas même sa jumelle, l'être qui lui était le plus cher au monde. Anna-Liz serait aussitôt venue la rejoindre, alors qu'en ce moment même elle tenait à rester seule.

La sonnerie de son téléphone portable retentit.

Il avait sonné une bonne douzaine de fois pendant la journée, la faisant chaque fois sursauter.

Bien qu'elle ait laissé l'appareil sur le comptoir de la cuisine, l'air d'opéra qu'elle avait choisi pour sonnerie résonna assez fort pour qu'elle l'entende depuis la plage. Elle ne se résolut cependant pas à quitter son confortable cocon pour rentrer et répondre.

Le va-et-vient incessant des vagues l'hypnotisait. En outre elle était bien au chaud, emmitouflée dans le plaid, et ne tenait pas à affronter le vent froid qui soufflait alentour, lui glaçant les joues. Peut-être resterait-elle là à tout jamais, recroquevillée dans cette couverture…

La sonnerie s'interrompit. Nul ne savait où elle se trouvait. Elle avait appelé sa secrétaire en sortant du cabinet du médecin, pour l'avertir qu'elle s'absenterait pendant quarante-huit heures. Puis, sans prendre le temps de joindre sa famille ou ses amis, elle était venue là. Tôt ou tard elle devrait cependant appeler ses proches, sans quoi ils finiraient par s'inquiéter.

L'air d'opéra résonna de nouveau. Avec des accents furieux, lui sembla-t-il. Et pour la première fois depuis sa sortie du cabinet médical, elle sourit. Une sonnerie de téléphone ne pouvait pas avoir des accents furieux !

Avec un petit soupir, elle se leva et regagna le cottage. Il s'agissait sûrement de Traynor Elliott, elle le devinait à l'intensité des vibrations. Son patron ne faisait jamais dans la demi-mesure. S'il avait décidé qu'il devait impérativement lui parler, mieux valait qu'elle réponde — sans quoi, Dieu seul savait ce que lui coûterait ce silence…

Elle ouvrit le petit appareil.

— Allô ?

La porte ne s'était pas refermée derrière elle, et le vent l'avait à présent plaquée contre le mur de façade. La jeune femme grimaça, sentant l'air glacé s'engouffrer dans la pièce.

— Bon sang, où es-tu ? lança Tray avec humeur, sans s'embarrasser de formules de politesse. Et pourquoi le rapport Schribner ne se trouve-t-il pas à l'endroit où il devrait se trouver ?

— J'ai décidé de prendre deux jours de congé, lui répondit-elle sur le même ton, tout en revenant sur ses pas pour claquer la porte derrière elle. Quant à ce rapport, je l'ai remis à Jenny, adresse-toi à elle.

En ce moment même, Lianne n'avait aucune envie de se montrer aimable envers son patron.

Elle avait elle-même des problèmes, et non des moindres, à régler.

— Tu as un immeuble entier de gens qui travaillent à ton service, Tray. Pourquoi ne pas demander à l'un de tes employés de retrouver ce maudit rapport ?

Cette réplique fut suivie d'un silence de quelques secondes. Puis une voix doucereuse retentit sur la ligne, celle d'une personne cherchant à apaiser un enfant irascible.

— Es-tu souffrante, Lianne ? Ça ne te ressemble pas de prendre des jours de congé en cours d'année, surtout à l'impromptu…

Elle inspira profondément. Bien qu'ils travaillent ensemble depuis longtemps, Tray et elle n'étaient pas des amis intimes. D'un point de vue professionnel en revanche, plus le temps passait plus ils se complétaient. Mais aussi proches soient-ils au bureau, cette relation ne débordait pas sur leur vie privée.

— Je serai de retour dans deux jours. Tu réussiras très bien à te passer de moi pendant ce temps.

Suite à quoi elle mit fin à la conversation et leva les yeux au ciel en soupirant. Il faudrait qu'elle appelle sa sœur sans trop tarder. Lorsqu'elle aurait fini par accepter l'inacceptable, elle aurait besoin des sages conseils d'Anna-Liz. Plus tard. Pour le moment elle avait envie de rester terrée dans le cottage de la plage et de ne parler à personne, surtout pas à sa jumelle. Non qu'elle soit jalouse de celle-ci. Ou du moins… pas beaucoup.

Mariés depuis cinq ans, Anna-Liz et Dominic habitaient un ravissant appartement. Tous deux très investis dans leur carrière, ils voyageaient souvent pour motifs professionnels, parfois dans des lieux exotiques dont le seul nom faisait rêver Lianne. Ces déplacements étaient quelquefois liés à l'activité de Dominic, qui installait des systèmes informatiques ultrasophistiqués pour le compte d'une grande société. Mais ils partaient fréquemment aussi pour leur propre plaisir.

Anna-Liz aimait une seule personne au monde davantage que sa sœur. Cette personne-là était son mari, et parfois, Lianne regrettait presque que Dominic ait croisé le chemin de sa jumelle… Sa sœur semblait très épanouie dans sa vie de couple, et c'était surtout cela ce qu'elle lui enviait.

Si elle avait elle-même été mariée depuis cinq ans, elle aurait sans aucun doute été nantie, à l'heure qu'il était, d'un ou plusieurs enfants. Quand elle abordait ce sujet avec Anna-Liz, celle-ci lui répondait qu'ils n'étaient pas prêts, réponse qu'elle jugeait assez vague. Elle n'avait cependant jamais cherché à en savoir plus long. Chacun avait ses propres priorités, son propre rythme…

Lianne, deuxième d'une famille nombreuse, avait toujours rêvé d'avoir elle aussi beaucoup d'enfants. Elle adorait les vacances en famille, les immenses tablées qu'ils formaient pour les anniversaires ou autres. Se savoir entourée de gens qu'elle aimait et qui l'aimaient lui était précieux.

Avant de fonder à son tour une famille, elle avait décidé de chercher le succès professionnel. Et maintenant, elle avait la terrible impression de perdre le contrôle de la situation.

D'un geste las, elle laissa tomber le plaid sur l'une des chaises de bois qui entouraient l'immense table rectangulaire. Il était temps de préparer à manger. Si elle avait eu davantage d'énergie, elle serait sortie dîner dans l'un des établissements de Baden Harbor où l'on pouvait déguster de succulents cakes au crabe.

Pas ce soir. Ce soir elle se contenterait d'une soupe instantanée accompagnée de quelques crackers. Elle n'avait pas faim, mais était assez raisonnable pour savoir qu'elle devait se nourrir.

Tout irait mieux le lendemain, comme disait sa grand-mère. Elle ne savait pas trop comment, mais c'était en tout cas ce qu'elle espérait.

Traynor Elliott reposa doucement le téléphone, surpris par la réaction de la plus ancienne de ses cadres, réputée pour ne jamais perdre son sang-froid. Lianne travaillait à son service depuis cinq ans, et en ce laps de temps il l'avait vue à deux reprises assez en colère pour réagir comme elle venait de le faire. Que s'était-il donc passé ?

Les sourcils froncés, il réfléchit aux événements des derniers jours. Il ne gardait pas le souvenir de s'être montré particulièrement exigeant. Pas plus que d'habitude, en tout cas. Là n'était donc pas le problème.

A vrai dire, si on lui avait posé la question, il aurait dit qu'il entretenait avec Lianne une excellente relation. Elle savait lui tenir tête lorsqu'elle considérait qu'il avait tort, ce qu'il appréciait. Il regrettait d'ailleurs que certains autres cadres de l'entreprise ne calquent pas de temps en temps leur attitude sur celle de la jeune femme. Lianne n'hésitait pas à exprimer son opinion sur les nouveaux projets, à apporter des idées qui les faisaient avancer. Et il reconnaissait s'adresser plus souvent à elle qu'aux autres membres du conseil d'administration, lorsqu'il avait besoin d'un conseil avisé.

Il se leva et traversa le couloir pour entrer dans le bureau de celle qui était devenue en quelque sorte son bras droit. Tout y était parfaitement rangé. Elle avait un sens de l'ordre qui lui paraissait parfois même anormal, en comparaison du sien. Capharnaüm était le mot qui caractérisait le mieux son propre bureau. Il savait d'ailleurs pouvoir compter sur Lianne pour lui fournir l'information qu'il souhaitait, au moment exact où il le souhaitait.

En résumé, il avait tout simplement coutume de faire appel à elle en maintes circonstances. Disparaître ainsi ne lui ressemblait pas. Il allait maintenant devoir s'adresser à Jenny, et espérer qu'elle retrouve sans tarder le dossier en question. Qui sait, celle-ci serait peut-être aussi en mesure de lui procurer quelques explications sur la brusque et étonnante disparition de Lianne ?

Les doigts de Jenny volaient presque sur le clavier, tandis qu'elle procédait à la saisie de texte d'un rapport qui venait de lui être remis. Elle s'interrompit lorsque Tray s'arrêta devant elle, et réprima une grimace. Un sourire artificiel plaqué sur ses lèvres, elle leva la tête vers le grand patron.

— En quoi puis-je vous être utile, Tray ?

— Je suis à la recherche du dossier Schribner.

— Oh… Je me rappelle l'avoir vu il n'y a pas très longtemps. Une petite seconde. Laissez-moi le temps de me rappeler *où* exactement.

La jeune fille se leva presque d'un bond, et entreprit de déplacer tous les classeurs et chemises entassés sur sa table de travail. Tray l'observait en silence. Ce désordre était pareil à celui qui régnait sur son propre bureau, à la différence près qu'il savait très bien, lui, où se trouvait chaque chose. Contrairement à Jenny…

— Lianne y a apporté un soin tout particulier, afin que vous ayez tous les éléments en main, dit-elle en examinant les classeurs éparpillés autour d'elle. Elle me l'a remis hier. Il ne peut pas être bien loin…

Tray inspira à petits coups et regarda autour de lui pour tenter de se calmer. D'un tempérament colérique, il avait autrefois coutume de s'emporter, puis de présenter des excuses. Au fil du temps il avait appris à se contrôler, sans pour autant devenir un modèle de patience dans les circonstances les plus favorables. Or justement, les circonstances n'étaient pas très favorables ce jour-là.

Bon sang, pourquoi avait-il fallu que Lianne lui fasse faux bond en ce moment précis ? Il avait besoin d'elle.

En ce moment précis ? Il avait *toujours* besoin d'elle ! rectifia-t-il en son for intérieur, glissant des doigts nerveux dans ses cheveux bruns.

— Le voilà ! s'exclama Jenny, lui tendant d'un geste triomphant un épais dossier dans une chemise en plastique rouge.

Il prit la chemise et repartit. Tout ne se serait donc pas déroulé de manière catastrophique, ce jour-là ! Où se trouvait donc Lianne ? Pourquoi avait-elle soudain décidé de prendre deux jours de congé ? De *congé*, lui avait-elle dit. Il ne s'agissait pas d'un arrêt maladie. Un membre de sa famille serait-il confronté à un quelconque problème ? Ils n'étaient pas intimes, loin de là, mais il savait que sa famille était originaire du Maryland, et qu'elle avait plus de frères et sœurs que tous les gens qu'il connaissait. La plupart d'entre eux travaillaient eux aussi dans le district de Columbia.

De retour à son bureau, il ouvrit le dossier et le feuilleta. Mais la curiosité provoquée par l'attitude de Lianne l'empêchait de se concentrer comme il l'aurait dû. Si elle était souffrante, elle le lui aurait certainement dit durant leur bref échange. D'ordinaire il connaissait son emploi du temps presque aussi bien que le sien, et vice versa.

Il pianota sur son bureau, puis souleva de nouveau son téléphone pour la rappeler. Mais il eut cette fois affaire à sa messagerie, et lâcha un juron avant de raccrocher.

Dix minutes plus tard, il refermait le rapport Schribner et se levait. Il avait monté une entreprise destinée à garantir la sécurité de ses clients, en particulier lorsqu'ils voyageaient dans des pays réputés dangereux. Les agents chargés de ce cas seraient bien à même de se tirer d'affaire sans son aide. Il allait tenter une dernière fois de joindre Lianne, puis déciderait de tirer un trait sur cette journée aussi pénible que longue. Peut-être passerait-il à son club de gymnastique, avant de rentrer chez lui. Une heure d'exercices soutenus l'aiderait sans doute à mieux dormir, ce soir-là.

Il lui était arrivé quelquefois de raccompagner Lianne chez elle, au cours de ces dernières années.

Elle habitait un appartement situé à proximité de Key Bridge. Il n'y était jamais entré.

Comme il franchissait un peu plus tard le seuil de l'immeuble, il constata qu'il ne présentait pas grand intérêt d'un point de vue architectural, à l'instar de la plupart des bâtiments modernes. L'ascenseur, élégant et silencieux, le conduisit en un temps record au sixième. Arrivé devant la porte de la jeune femme, il sonna trois fois sans obtenir de réponse. Puis il posa la tête contre le battant, sans parvenir pour autant à distinguer le moindre bruit à l'intérieur.

Après être redescendu dans la rue, il l'appela de nouveau, pour avoir cette fois encore affaire au service de messagerie.

Mais où donc était-elle ?

Lianne prit une soupe et des crackers, puis passa en revue les titres des livres rangés sur les rayonnages du salon. Elle les avait tous lus au bas mot deux fois. Il s'agissait de romans de vacances. Dans ces circonstances particulières, cette littérature légère ne la tentait absolument pas. Elle envisagea d'aller se coucher, mais il était trop tôt encore bien que la nuit soit déjà tombée.

Soupirant, elle se dirigea vers le téléphone du salon pour appeler sa sœur. Il était temps d'informer Anna-Liz du cours des événements.

A la fin de sa conversation avec sa jumelle, Lianne eut l'impression de se sentir un peu mieux. Aussi choquée qu'elle-même par le verdict médical, Anna-Liz avait manifesté le désir de la rejoindre sur-le-champ au cottage. Lianne avait réussi à l'en dissuader, affirmant qu'elle préférait pour le moment s'entretenir avec elle par téléphone.

A partir de ce moment-là, Anna-Liz avait commencé à échafauder une douzaine de scénarios qui rendaient superflue cette intervention chirurgicale. Lorsque toutes les options furent épuisées, elles parlèrent à cœur ouvert, comme elles l'avaient toujours fait.

— Je voulais surtout avoir un jour une famille comme la nôtre, dit-elle à sa sœur. Peux-tu imaginer une vie sans enfants courant partout, sans grands-parents, oncles et tantes ?

— Eh bien… oui, sans aucun problème. Cette vie-là est celle que nous menons, Dominic et moi. Exception faite des grandes réunions familiales, bien sûr.

— Mais si tu décidais de connaître les joies

de la maternité, ce serait possible ! Tu es mariée, alors que je n'ai personne dans ma vie.

— Parce que tu passes le plus clair de ton temps avec Tray.

— Tray est mon patron ! protesta-t-elle.

Comme elle prononçait ces mots, l'image de Traynor Elliott lui vint à l'esprit : un corps de rêve et un beau visage aux traits fermes, qui attiraient bon nombre de regards féminins. Elle eut l'impression de le voir, assis devant elle, enfouissant les doigts dans son épaisse chevelure de jais, geste qui lui était familier lorsqu'il se trouvait confronté à un problème. Puis de l'entendre rire, quand ils s'octroyaient une pause-pizza les soirs où un cas particulier les retenait tard au bureau.

— Absolument, et je ne prétendais d'ailleurs rien d'autre. Je cherchais seulement à mettre l'accent sur le fait que tu t'investis trop dans ton travail. Plus encore que Dominic, ce qui n'est pas peu dire. Si Tray déclare avoir besoin de toi, tu repars sur-le-champ au bureau. Je suis d'ailleurs étonnée que tu n'y sois pas en ce moment même.

— Tu dis des sottises. Je ne passe tout de même pas ma vie au bureau ! Qui plus est, j'aime ce que je fais. Je pensais d'ailleurs continuer à travailler encore un peu, avant de songer à fonder une famille. Maintenant, bien sûr…

Sa phrase resta en suspens, mais Anna-Liz enchaîna :

— Tu peux très bien dès demain rencontrer quelqu'un qui te plaira, avec qui tu auras de nombreux points communs. Il faut que tu expliques à Tray que tu travailles huit heures par jour, pas vingt-quatre ! Tu as du temps devant toi, Lianne. Pas autant de temps que tu le croyais, mais il ne s'agit pas non plus d'une affaire de jours.

— Le Dr Wright m'a laissée entendre qu'il valait mieux ne pas trop attendre, pour éviter d'éventuelles complications. Et en ce qui concerne Tray, il y a toujours tellement de travail à l'agence… Que veux-tu, c'est la rançon du succès ! Il propose des services de qualité et les promesses sont toujours tenues, ce qui explique que notre clientèle augmente à un tel rythme.

— Parfait. Si son affaire est aussi florissante, qu'il embauche davantage de personnel ! Ton but à toi est de trouver un mari, et de procréer sans trop tarder.

Lianne poussa un soupir.

— Mon Dieu… décrite en ces termes, la

situation manque cruellement de romantisme. Tout paraît si calculé…

Elle avait toujours cru que, comme sa jumelle, elle trouverait son prince charmant et l'épouserait. Toujours cru aussi que, comme elle, ce prince charmant souhaiterait une famille nombreuse. A présent, elle craignait que ce rêve soit irréalisable.

La voix de sa sœur retentit alors, suraiguë, dans l'appareil.

— Tu n'envisages quand même pas de… de faire un bébé avec un « père » inconnu ?

— Non, Anna-Liz. Cette idée ne m'a même pas effleuré l'esprit. Je ne tiens pas à élever seule un enfant. Attends, je n'ai pas fini, dit-elle, comme sa sœur s'apprêtait à reprendre la parole. Je sais bien que vous m'entoureriez tous de toute votre affection, mais je voudrais aussi que mon fils ou ma fille ait un père. Peux-tu imaginer une vie sans papa ? Ce serait injuste de priver délibérément un enfant d'un pilier pareil.

— Permets-moi de te rappeler que tu as cinq frères. Chacun d'entre eux pourrait très bien représenter pour cet enfant un référent paternel et masculin. Tout comme le pourrait Dominic, d'ailleurs.

— Ce n'est pas du tout pareil, et tu le sais

bien. Même si je n'épouse pas le père de cet enfant, je souhaiterais qu'il joue un véritable rôle dans sa vie, et pour toujours.

— Lianne… Même celles qui se marient avec l'homme qu'elles aiment n'ont pas ce genre de garantie !

— Tant pis. C'est quand même ce que je voudrais.

Anna-Liz garda le silence pendant quelques instants.

— Je crois que tu dois tenter ta chance. Qui sait, tu rencontreras peut-être demain quelqu'un dont tu tomberas follement amoureuse, et avec qui tu auras une douzaine d'enfants !

— Ou peut-être tout simplement quelqu'un qui me plaira bien, et que je jugerai apte à faire un bon père. Quelqu'un qui voudra lui aussi avoir un enfant… sans passer forcément par la mairie. Après tout, je ne suis pas certaine moi-même de souhaiter m'engager à ce point. Je désire être mère, mais je ne me sens pas pour autant prête à renoncer à mon activité professionnelle, par exemple. Or qui me dit qu'un mari ne chercherait pas à m'en dissuader ?

— Permets-moi de te rappeler, ma chère sœur, que faire un enfant n'est pas une décision qui se prend à la légère ! En matière d'engagement, il n'y a pas plus fort. Quant à ce que penserait ou pas ton mari de tes ambitions professionnelles, il me semble que tu as assez de caractère pour les imposer.

— Mm… Tu as raison. Quoi qu'il en soit, il faut que j'apporte un soin tout particulier au choix de ce futur père.

Lianne se réveilla tôt le lendemain matin. Le soleil pointait à l'horizon, au-dessus d'une large bande de nuages qui se dissipaient. Elle espérait que cette journée serait meilleure que la précédente, mais la douleur abdominale qu'elle ressentit en se levant ne laissait rien présager de bon. Si elle envisageait de rester une journée de plus au cottage, il faudrait qu'elle sorte faire quelques courses car les conserves stockées dans les placards ne correspondaient pas du tout à ce dont elle avait envie.

Dans l'immédiat, il n'était cependant pas question de bouger. Roulée en boule pour tenter de maîtriser la douleur, elle finit par se rendormir pendant une heure encore. Au réveil, elle ne se sentait pas bien et se dirigea aussitôt vers la salle de bains pour avaler deux antalgiques avec un grand verre d'eau. Elle allait retourner se coucher quand on frappa à la porte. Debout dans le couloir, elle hésita, tentée de ne pas ouvrir. Il lui tardait vraiment de s'allonger de nouveau. Mais la curiosité l'emporta, et elle franchit d'une démarche un peu vacillante les quelques mètres qui la séparaient de la porte.

Elle l'ouvrit et écarquilla les yeux. Traynor Elliott se tenait devant elle, la dominant d'une bonne vingtaine de centimètres. Il affichait une expression impénétrable. Vêtu d'un costume marine, il n'avait pas resserré la cravate rayée qu'il portait sur une chemise bleu ciel. Il n'avait manifestement pas eu le temps de se raser, et ces joues grises de barbe accentuaient la virilité de ses traits.

— Que fais-tu ici ? lui demanda-t-elle.

— Je suis venu te rendre une petite visite.

— Comment as-tu découvert le cottage ?

— C'est une histoire assez intéressante…

Avant de poursuivre, il la regarda de la tête aux pieds.

— Tu te lèves… ou tu t'apprêtais plutôt à te coucher ?

Elle resserra la ceinture de sa robe de chambre.

— Je ne suis pas dans l'un de mes meilleurs jours, Tray, dit-elle, prête à refermer la porte.

Il tendit la main pour l'en empêcher, et entra dans la maison.

— Tu ressembles à quelqu'un qui a besoin d'aide.

— Une aide que tu n'es pas en mesure de me fournir.

— Ah ?

Il se tut et passa les instants suivants à la dévisager. Lianne réprima un soupir. Elle était consciente d'offrir ce matin-là une image peu flatteuse, elle qui veillait toujours à avoir une apparence impeccable. Mais cela n'avait aucune importance.

— J'ai sonné à la porte de ta sœur, qui m'a expliqué où se trouvait ce cottage. Il semblerait que j'aie eu raison de venir jusqu'ici. Au passage, je dirai que j'ignorais tout de l'existence de ta jumelle. J'ai été presque choqué quand je l'ai vue.

Lianne se borna à hocher la tête. Jusqu'ici, elle avait toujours séparé vie professionnelle et vie privée.

— Pourquoi n'es-tu pas couchée, Lianne ? Tu as une mine épouvantable.

— Merci bien. Ces paroles réconfortantes me vont droit au cœur !

En proie à une nouvelle crampe, elle porta la main à son ventre.

— J'allais me recoucher quand tu as sonné, ajouta-t-elle avec une grimace.

Constatant qu'elle avait pâli, il se rapprocha d'elle pour lui passer le bras autour de la taille.

— Où est ta chambre ?

D'un geste du menton, elle désigna l'étage. Quelques instants plus tard, il l'aidait à s'étendre de nouveau sur le lit défait.

La jeune femme, qui ne lui avait opposé aucune résistance, se sentit mieux sitôt allongée. Les cachets commençaient sans doute aussi à faire de l'effet, et elle poussa un petit soupir de bien-être en se calant contre les oreillers.

— Bien, si tu m'expliquais maintenant ce qui t'arrive, Lianne ?

Elle posa les yeux sur Tray, qui se tenait au pied du lit, les deux mains posées sur la barre de bois. Si elle n'envisageait pas de tout lui raconter dans le moindre détail, elle était cependant consciente de lui devoir une explication. Elle n'avait pas coutume de disparaître ainsi, sans crier gare, et il était en droit de savoir si cela risquait de se reproduire ou pas.

— En général, deux têtes valent mieux qu'une pour résoudre un problème, insista-t-il.

— Cela ne se reproduira plus.

— Qu'est-ce qui ne se reproduira plus, Lianne. Dans la mesure où je ne suis au courant de rien…

— Je ne m'absenterai plus de cette façon, en te prévenant au dernier moment. J'ai été confrontée à… une urgence.

— Notre société est justement spécialisée dans ce genre de situation. Nous sommes venus à bout de bon nombre de cas difficiles, me semble-t-il. Et ensemble, qui plus est. Nous formons une bonne équipe. Il n'y a aucune raison pour que nous ne puissions pas résoudre ce problème-là aussi ensemble.

Elle esquissa un faible sourire. Tray était si fier de l'entreprise qu'il avait créée… Et à juste titre. Assistance Plus avait dès le début remporté un réel succès. Le taux élevé de réussite dans des affaires délicates lui avait valu une importante notoriété dans toute la région, et même à un niveau national. Le seul nom de la société était devenu symbole de sécurité. En pleine expansion, elle recrutait régulièrement de nouveaux agents pour travailler sur le terrain.

— Malheureusement, Assistance Plus ne

pourra m'être d'aucun secours dans ce cas précis.

— Permets-moi d'en juger par moi-même, rétorqua-t-il en croisant les bras.

Lianne cligna des paupières et le dévisagea. Tray était un homme solide, digne de confiance. Un homme honnête et compétent.

Le vent, qui soufflait presque toujours aux abords du cottage, lui avait ébouriffé les cheveux. Ainsi décoiffé, il avait des allures de jeune homme. Cette pensée la fit presque sursauter. De *jeune homme* ? Tray approchait de la trentaine lorsqu'elle l'avait connu. Le P.-D.G. d'Assistance Plus, homme d'affaires accompli, n'avait rien d'un jeune homme !

Elle passa la langue sur ses lèvres sèches. Il avait raison. Ils travaillaient ensemble depuis des années. Autant l'informer de ce qui lui arrivait. Il serait sûrement de bon conseil.

— Bien… j'ai appris hier que j'allais devoir subir une opération qui m'empêcherait de connaître les joies de la maternité. Or j'ai toujours rêvé de fonder une famille. Le temps m'est compté, maintenant. Si je ne me dépêche pas, je devrai dire adieu à ce rêve.

En face d'elle, Tray ne bougea pas. Il ne haussa

pas même un sourcil. Elle savait cependant que la nouvelle l'avait choqué.

— Ce n'est pas du ressort d'Assistance Plus, tu en conviendras, insista-t-elle.

Elle le vit alors quitter sa place et avancer vers elle. Lorsqu'il tendit la main vers son visage pour repousser la mèche de cheveux qui lui barrait le front, elle retint son souffle, et surtout, s'efforça d'ignorer les étranges sensations provoquées par ce simple geste. Tray était son patron, son mentor, son ami. Elle passait certes beaucoup de temps avec lui, comme l'avait souligné Anna-Liz, mais pour motifs professionnels.

— Disons plutôt que ce n'est pas le genre de situation auquel nous sommes habituellement confrontés.

Elle haussa les épaules et soupira.

— Tu voulais connaître le motif de ma brusque désertion, voilà qui est fait.

Elle avait pour Tray beaucoup de respect. Maintes fois elle avait admiré l'habileté dont il faisait preuve pour désamorcer les situations les plus difficiles et dangereuses. Mais quelles que soient ses compétences, il était incapable d'accomplir des miracles.

— Ce problème est le mien, pas le tien.

Elle lâcha un nouveau soupir avant d'ajouter :

— Un problème pas très facile à résoudre, surtout à court terme.

— Dans la mesure où tu es ma plus proche collaboratrice, je considère que ce problème est aussi le mien, lui répondit-il sans l'ombre d'une hésitation.

Gênée d'avoir une conversation de cet ordre avec celui qui n'était autre que son patron, Lianne remonta la couverture sur elle et secoua la tête.

— Je vais m'arranger.

— Ah ? Et comment ? As-tu un petit ami prêt à sauter le pas ?

Cette fois, elle roula les prunelles en une grimace comique.

— Je te rappelle que je travaille pour un type qui a des méthodes esclavagistes ! déclara-t-elle, résolue à apporter un peu de légèreté à cet échange de propos. Quand aurais-je le temps de le voir, ce petit ami ?

— Méthodes esclavagistes ? répéta-t-il en haussant les sourcils. Tu ne t'en es jamais plainte…

— Parce que ce que je fais me plaît. Et tu sais bien que, quand nous sommes plongés dans une affaire un peu corsée, nous ne voyons plus le temps passer. Mais il va falloir que je change mes habitudes. Que j'essaie de rencontrer d'hypothétiques futurs compagnons. De futurs… *pères*, surtout ! Sans quoi je devrai renoncer à mon rêve de famille, ce qui, pour le moment me paraît impensable.

Tray lui sourit et lui posa la main sur l'épaule, geste qui procura à Lianne une sensation immédiate de bien-être.

— J'ai quelques amis que je pourrais te présenter. Mark Wyatt, par exemple. Il a été marié pendant quelque temps, et avait l'air très satisfait de la vie qu'il menait en couple.

— Ah ? Et que s'est-il passé ?

— Sa femme ne partageait apparemment pas son enthousiasme ! Ils ont divorcé il y a un an et demi. Je crois qu'il correspondrait assez bien à ce que tu recherches. Il a mon âge à peu près, pas d'enfants, et ton cas devrait l'intéresser.

— Très romantique ! railla-t-elle.

— Sois un peu raisonnable, Lianne. Si le temps presse, tu ne peux pas aspirer à une idylle classique !

Oubliant soudain qu'elle était souffrante quelques minutes plus tôt, elle se redressa et darda sur lui un regard noir.

— Je ne cherche pas un simple géniteur, mais *un père* ! Un homme avec qui j'élèverai cet enfant, qui assistera aux fêtes scolaires de fin d'année, participera aux réunions familiales… J'aimerais me marier, mais si cela ne se fait pas, je voudrais quelqu'un qui soit présent au moins pour les grandes occasions : le jour de la remise de diplôme, le jour du mariage de cet enfant, le jour où il fera de nous des grands-parents…

— Tu rêves, Lianne !

— Et pourquoi donc ? Je ne demande rien d'extraordinaire !

— Par les temps qui courent, se projeter ainsi dans l'avenir relève de la pure utopie. Qui sait de quoi demain sera fait ? Connais-tu beaucoup de couples toujours unis au moment de la remise de diplôme de leurs enfants ?

— Mes parents, par exemple, répliqua-t-elle vivement. Et mes grands-parents, qui sont tous les quatre en vie. En trois générations, il n'y a eu qu'un seul divorce dans ma famille. Mais comme je te l'ai déjà dit, je ne considère pas le mariage comme un passage obligé. Je tiens surtout à rencontrer quelqu'un qui soit prêt à s'investir dans son rôle de père, et à aimer cet enfant autant que je l'aimerai.

Tray hocha la tête avec lenteur.

— Il s'agit en effet d'une situation très particulière. Il faut que tu pèses le pour et le contre, que tu examines tous les paramètres… Y compris l'éventualité d'une famille monoparentale, d'ailleurs.

— Je dois réfléchir sérieusement. Tout est si complexe…

— Veux-tu manger quelque chose pendant que tu « réfléchis sérieusement » ?

— Tu sais cuisiner ? s'étonna-t-elle.

Jusqu'ici, ils avaient mangé ensemble soit au restaurant, soit au bureau, où Tray commandait une pizza quand ils travaillaient tard sur un dossier. Elle ignorait donc tout de ses talents culinaires.

— Je suis capable de préparer des œufs brouillés et des toasts.

— Tu ne trouveras sans doute que des paquets de céréales et de lait en poudre, dans les placards de la cuisine. Nous faisons en sorte qu'il reste toujours quelques aliments de base en stock, pour dépanner ceux qui décident de venir à l'improviste.

— Parfait. Encore plus simple à préparer !

Tray quitta la pièce dès qu'elle lui eut indiqué où était située la cuisine, et elle poussa un soupir de soulagement. Compte tenu de son état actuel, l'énergie qu'il déployait la fatiguait. Comme elle le lui avait dit, elle avait besoin de réfléchir.

Pourrait-elle, en un laps de temps aussi court, trouver un homme dont elle s'éprendrait et qui, comme elle, souhaiterait avoir un enfant dans de très brefs délais ? Tray lui avait déjà proposé de lui présenter un « candidat ». Ses sœurs auraient elles aussi bon nombre de prétendants potentiels à lui faire connaître. Elles avaient souvent manifesté le désir d'organiser des soirées pour la mettre en relation avec certains de leurs amis qui, « elles en étaient sûres », lui plairaient. Mais elle avait toujours reporté ces occasions à plus tard, parce qu'elle était très prise par son travail.

Et *par Tray*, comme l'avait souligné Anna-Liz.

Elle n'avait pas envie de retourner travailler. Elle aurait voulu rester au cottage et recouvrer ses forces avant de reprendre son rythme habituel. Mais si Tray envisageait de lui présenter un ami, le plus tôt serait sans doute le mieux.

Il la rejoignit quelques minutes plus tard avec un plateau chargé de deux bols de lait et d'un paquet de céréales, ainsi que deux tasses remplies de thé. Elle le regarda s'asseoir à côté d'elle, et réprima un sourire lorsqu'il commença à manger au même rythme qu'elle. Des céréales et du thé ! Lui qui buvait des litres de café par jour, et qui avait coutume de consommer des aliments beaucoup moins sages…

Au cours de ce petit déjeuner, elle remarqua à plusieurs reprises que Tray l'observait. Bien que déconcertée par ces regards insistants auxquels il ne l'avait pas habituée, elle n'en laissa rien paraître. Elle appréciait l'intérêt qu'il lui portait, les attentions dont il l'entourait. Et ce, d'autant plus qu'elle ne s'attendait pas à un tel comportement de sa part.

— A quoi dois-je cette inspection ? lui demanda-t-elle enfin. Tu analyses tous mes défauts pour en informer ton ami ?

— Bien au contraire. Je n'avais jamais remarqué à quel point tu es jolie, Lianne.

— Je prends ça pour un compliment, et non des moindres ! Venant de la part de quelqu'un qui est toujours entouré de femmes superbes…

En l'espace de cinq ans, elle avait eu le loisir de croiser certaines de ses compagnes, toutes aussi attirantes qu'élégantes.

Tray baissa la tête, mais pas avant qu'elle n'ait vu son regard se voiler. Elle se demanda ce qui avait pu provoquer cette réaction bizarre. Il lui avait paru soudain… peiné. Aurait-il rompu tout récemment avec sa dernière petite amie en date ?

Lianne but une gorgée de thé, cherchant à se rappeler son prénom. Marianne, peut-être ? A moins que ce ne soit Suzanne. Quelque chose d'approchant, en tout cas. Elle l'avait quelquefois entendu parler avec elle au téléphone, mais n'en savait pas davantage. Comme elle, Tray ne mélangeait pas vie professionnelle et vie privée.

Elle s'aperçut qu'elle ne savait en fait pas grand-chose de l'homme avec lequel elle passait le plus clair de son temps, et ce constat la surprit.

— Parle-moi de cet ami, lança-t-elle, décidée à changer de sujet.

— Mark ? Eh bien… Il est grand, bien bâti, avec des cheveux châtain clair. Il a une passion pour le football, et suit de près les scores des grandes équipes pendant la saison. Nous fréquentons le même club de gymnastique.

Songeuse, Lianne avala une autre gorgée de thé. Si le football ne lui était pas inconnu — difficile d'y échapper, avec cinq frères ! —, elle portait à ce sport un intérêt très modéré.

— Quoi d'autre ? insista-t-elle.

— Il travaille dans la publicité. Il occupe un poste à responsabilités dans une célèbre agence.

Cette information fit sourire Lianne.

— C'est un domaine qui ne te plaît pas ?

— Pas spécialement. La publicité sert à vanter les mérites de produits dont beaucoup de gens pourraient très bien se passer.

— Ça fait partie de l'économie.

— Je suppose. Mark est-il originaire de Washington ?

— Non. Il est né dans le Midwest, mais vit à Washington depuis plus de douze ans. Je crois qu'il a fait ses études à l'université de Georgetown, et qu'il a décidé de rester dans ce secteur.

Il inclina la tête de côté, et la dévisagea de nouveau avant d'ajouter :

— Vous auriez de beaux enfants ensemble.

— Ne nous précipitons pas, je ne l'ai pas encore vu…, dit-elle avant de changer une nouvelle fois de sujet. Oh, j'allais oublier : as-tu fini par retrouver le rapport Schribner ?

La conversation prit alors une tournure professionnelle, terrain qui leur était beaucoup plus familier, et ils discutèrent des affaires en cours.

A la fin de leur petit déjeuner, Lianne se sentait mieux, tant physiquement que moralement. Quand Tray rapporta le plateau dans la cuisine, elle crut qu'il ne tarderait pas à partir, mais il lui annonça qu'il envisageait de rester dans les parages.

Et en effet, lorsqu'elle se réveilla, elle le trouva assis dans un fauteuil, tout près d'elle. Il était sorti faire quelques courses, et prépara un plateau déjeuner plus consistant que celui du matin. Puis elle se rendormit, et à son réveil il lui apporta de nouveau un plateau, plus garni encore que les précédents.

Après dîner, il consentit à quitter les lieux en promettant toutefois de revenir le lendemain. Lianne eut beau protester, il ne voulut rien entendre.

Le lendemain, elle allait déjà beaucoup mieux. Une fois douchée et habillée, elle se sentit tout à fait à même de prendre le petit déjeuner dans la cuisine.

— Tu n'es pas obligé de me tenir compagnie, dit-elle à Tray après avoir dévoré quatre toasts. Je suis parfaitement remise maintenant, tu le vois bien.

Il finit son mug de thé et la regarda droit dans les yeux.

— Il y a pas mal de travail en attente au bureau.

— Eh bien, vas-y. J'y serai demain, promis.

— Je peux rester encore un peu… Te raccompagner chez toi.

— C'est inutile, Tray, je suis venue avec ma propre voiture, qui est dans le garage, et je n'envisage pas de la laisser ici.

Il l'observa quelques secondes encore en silence.

— Sûre ?

— Certaine.

Un peu plus tard, elle le raccompagna jusqu'à sa voiture. A la vue du coupé noir, long et racé, Lianne sourit. Tray aimait ce véhicule, qui était en outre le symbole de sa réussite professionnelle et financière. Chaque fois qu'elle le voyait, elle avait envie de le conduire. Elle aurait aimé arriver chez ses parents au volant de ce petit bijou, un jour de réunion familiale. Son frère Sean en aurait pâli d'envie !

— Je serai là demain, lui dit-elle, comme il se tournait vers elle, prêt à lui dire au revoir.

Il hocha la tête.

— Ne me laisse pas trop longtemps aux mains de Jenny…

— Ma secrétaire n'est pas un monstre ! Tu lui fais peur. Sois un peu plus gentil avec elle et tout se passera bien, j'en suis sûre.

— Je suis toujours gentil…

Comme s'il cherchait à donner plus de poids à ces mots, il lui posa la main sur l'épaule. Lianne ressentit alors le désir de se réfugier dans ses bras, pour qu'il lui communique cette force étonnante qui émanait de lui. Mais elle n'en fit rien, car elle ne tenait pas à perturber leur relation.

Sa vie était déjà bien assez perturbée comme ça !

Lorsque le coupé eut disparu, elle descendit faire quelques pas sur la plage. Elle aurait aimé voir le soleil briller, entendre les enfants rire en jouant sur le sable. Mais seul le cri déchirant des mouettes couvrait le grondement des vagues, par cette journée grise et venteuse.

Tray repartit vers le centre-ville, tout en classant mentalement par ordre de priorité les dossiers en cours.

Rien ne l'obligeait, la veille, à rendre visite

à Lianne pour s'assurer qu'elle allait bien. La trouver en aussi piteux état l'avait affecté bien plus qu'il ne l'aurait imaginé. Il l'avait toujours considérée comme quelqu'un d'inébranlable, et ne l'avait encore jamais vue malade. Durant ces vingt-quatre heures, elle avait montré une vulnérabilité qu'il n'aurait jamais soupçonnée. Cette fragilité avait éveillé en lui un instinct de protection dont il ignorait jusque-là l'existence.

Face à sa jumelle, il avait eu une réaction assez curieuse. Elles se ressemblaient comme deux gouttes d'eau, Lianne et elle, et il avait tout d'abord cru que sa collaboratrice s'était mariée et envisageait de quitter son emploi. Il avait donc été étonné, soulagé mais aussi intrigué lorsqu'il avait découvert la vérité.

Surpris, il l'avait été tout autant quand Lianne l'avait informé de ses problèmes de santé, et de la terrible échéance qui la guettait. Il avait découvert aussi qu'elle rêvait d'avoir des enfants, ce qu'il ignorait jusque-là. Comment aurait-il pu le savoir ? Depuis qu'elle avait commencé à travailler à son service, ils avaient passé ensemble un nombre incalculable d'heures sans pour autant aborder des sujets d'ordre aussi personnel.

Il avait l'impression de la voir pour la première fois en trois dimensions !

La vie était injuste, il le savait depuis bien longtemps. Depuis qu'il avait été en âge de comprendre que sa mère était morte, et que suite à cela, son père l'avait abandonné…

Comme le destin était cruel ! Lianne désirait ardemment avoir un bébé, et n'avait personne avec qui le concevoir, alors que Suzanne avait été enceinte de leur enfant, et n'en avait pas voulu…

2.

Lianne arriva tôt au bureau, le jeudi matin. Elle avait une tasse de café à la main et finissait de dresser la liste de gens à appeler en priorité, lorsque Tray entra dans son bureau.

— J'espérais bien que tu serais de retour aujourd'hui. Comment vas-tu ?

— Tout est rentré dans l'ordre, merci.

Elle se sentait gênée par le souvenir de l'intimité qu'ils avaient partagée au cottage.

— Parfait. J'ai rendez-vous avec Mark à midi. J'ai pensé que nous pourrions déjeuner tous les trois.

— Aujourd'hui ? demanda-t-elle, surprise qu'il ait agi aussi rapidement, alors qu'elle pensait qu'il oublierait sa proposition.

— « Ne pas remettre à demain ce que l'on peut faire aujourd'hui » ! A tout à l'heure.

Et il sortit sans attendre de réponse.

Le téléphone sonna. Sa journée commençait.

***

Comme midi approchait, Lianne commença à ressentir des signes de nervosité. C'était la première fois de sa vie qu'elle rencontrait quelqu'un dans des circonstances aussi particulières. Qu'allait-il découler de cette rencontre ?

Jusqu'ici, elle avait toujours imaginé qu'elle reconnaîtrait l'homme de sa vie au premier regard. Le sort en avait décidé autrement. Avait-elle tort de s'acharner ainsi pour fonder une famille ? Mais elle aurait l'impression de passer à côté de sa vie, si elle n'avait pas d'enfant.

Elle gagnait très convenablement sa vie, et n'avait donc nul besoin d'un homme pour subvenir à ses besoins. En revanche, si elle voulait mettre un enfant au monde, il lui faudrait un représentant du sexe masculin. De préférence, un homme qui ait les qualités nécessaires pour faire un bon père — et un bon mari aussi ?

Il était midi passé de deux minutes lorsque Tray franchit le seuil de son bureau, suivi d'un homme un peu plus grand que lui, aux cheveux châtain clair. Elle redressa la tête et sourit aux nouveaux arrivants, avec toute l'aisance d'une jeune comédienne qui monte pour la première fois sur les planches et ne sait plus son texte.

Ressaisis-toi !

L'inconnu lui sourit à son tour dès que Tray eut procédé aux présentations.

— Nous allons déjeuner. Pourquoi ne pas te joindre à nous, Lianne ? lança-t-il, comme si rien n'avait été convenu à l'avance entre eux.

— Eh bien… avec plaisir.

Elle fit mine de ne pas avoir remarqué le regard étonné qu'adressait Mark à Tray et, mal à l'aise, rassembla ses affaires pour partir. Elle envisagea même de décliner l'invitation, mais ne le fit pas par égard pour Tray, qui cherchait à lui venir en aide. Cette sensation de gêne se dissipa cependant dès le début du repas. Doté d'un physique agréable, Mark était sympathique et amusant — attributs sans doute indispensables pour travailler dans la publicité.

Difficile de ne pas comparer les deux individus entre lesquels elle était assise. Tray était brun, peu exubérant, d'un abord plutôt sérieux. A l'inverse, Mark paraissait nanti d'un tempérament beaucoup plus léger.

Et il semblait lui porter un certain intérêt.

A la fin du déjeuner, Tray fit mettre l'addition sur son compte et les pria de l'excuser : il attendait un important appel d'Europe, et devait leur fausser compagnie.

Lorsque la porte de l'établissement se fut refermée sur lui, Mark sourit à Lianne.

— J'apprécie beaucoup la compagnie de Tray, mais j'avoue que je ne suis pas mécontent de le voir partir !

— Ah ? s'étonna-t-elle.

— Il me tardait de me ménager un tête-à-tête avec vous. Pour vous inviter à dîner, si vous êtes libre.

Décidément, tout se déroulait à merveille !

— J'accepte avec plaisir.

— Ce soir ?

Elle hocha la tête en souriant.

Son cœur battait toujours au même rythme. Cette invitation n'avait provoqué en elle aucune réaction particulière. Mais Mark était charmant, et qui sait, au cours de la soirée, elle réagirait peut-être autrement à sa présence. Elle ne croyait pas au coup de foudre. Il s'agissait là d'une pure invention…

Tray était en réunion quand elle revint à son bureau. Elle aurait voulu l'informer de l'évolution de la situation, mais ne souhaitait évidemment pas passer par sa secrétaire. Elle finit par confier à celle-ci un message écrit que Tray, elle l'espérait, parviendrait à décrypter.

L'après-midi s'écoula. Tray fit une halte dans son bureau vers 17 heures, juste avant de rejoindre l'un de ses agents de terrain avec lequel il avait rendez-vous.

Il tenait entre ses doigts la note qu'elle avait laissée à son intention, et l'agita sous ses yeux.

— Alors ?

— Nous dînons ensemble ce soir.

Tray hocha la tête et poursuivit son chemin dans le couloir. Lianne haussa les épaules, un peu déçue qu'il ne souhaite pas en savoir davantage. N'était-ce pas lui qui était à l'origine de ce rendez-vous ? Il aurait dû manifester un peu plus de curiosité. Avec un soupir, elle reporta son attention sur le dossier qu'elle étudiait. S'ils étaient faits pour s'entendre, Mark et elle, il le saurait bien assez vite.

Son téléphone sonna à ce moment-là.

— Lianne à l'appareil, dit-elle, les yeux baissés sur sa montre.

Dans une heure ou deux, sa journée de travail prendrait fin.

— Je croyais que tu passerais me voir

en quittant le cottage, lança Anna-Liz sans préambule.

— Il était tard quand je suis partie, hier soir, et je suis venue travailler tôt ce matin.

— Pour rattraper ton absence, sans doute, railla gentiment sa jumelle ! J'ai appelé tout à l'heure et on m'a dit que tu n'étais pas disponible. Tu vas bien ?

— Beaucoup mieux.

Elle n'allait mal que quelques jours par mois. Le reste du temps, sa vie était des plus normales.

— J'ai réfléchi, Lianne. Il faut que tu mènes une vie sociale digne de ce nom, au lieu de consacrer autant de temps à ton travail. C'est le seul moyen de rencontrer quelqu'un.

— J'ai une longueur d'avance sur toi ! Il se trouve que j'ai justement rendez-vous ce soir avec un homme.

— Oh ! s'exclama Anna-Liz, enthousiaste. Et qui est ce monsieur ?

— Un ami de Tray, qu'il m'a présenté aujourd'hui même.

— Vraiment ?

— Oui. Je lui ai fait part de la situation.

— Il est passé te voir au cottage, n'est-ce pas ? Vu la façon dont il a insisté pour que je lui en donne l'adresse, ça ne m'étonne pas. J'espère que tu ne m'en veux pas…

— Non, Anna-Liz. Je lui ai raconté mes malheurs, et l'idée lui est venue de me présenter un ami à lui, qui a été marié et qui aimerait bien l'être de nouveau. Nous avons déjeuné tous les trois aujourd'hui, et Mark m'a invitée à dîner. Qui sait, nous sommes peut-être faits l'un pour l'autre ?

Elle ne parla pas à sa sœur du soutien que lui avait apporté Tray pendant son bref séjour au cottage. Anna-Liz se serait sans doute livrée à des conclusions erronées.

— Il ne perd pas de temps, ce Mark ! Comment le trouves-tu ?

— Il a l'air charmant.

— *Charmant ?* Seigneur Dieu, voilà qui ne laisse augurer rien de bon ! On n'entame pas une idylle avec quelqu'un de *charmant*…

Lianne éclata de rire.

— Tu exagères, Anna-Liz. Au choix, je préfère un mari « charmant » à un mari « détestable » !

— Bien sûr. Entre deux maux, autant choisir le moindre ! Voyons, quels termes emploierais-tu pour décrire ton patron ?

Lianne haussa un sourcil.

— Pourquoi me poses-tu cette question ?

— Je viens à peine de le connaître, mais tu parles souvent de lui et j'ai toujours pensé que tu tomberais amoureuse de quelqu'un comme lui. Nous avons des goûts très semblables, toi et moi, et je trouve que Tray ressemble beaucoup à Dominic.

— Excuse-moi, mais je ne partage pas ton avis.

— Peut-être pas en apparence, mais sur le fond, oui. Ils sont tous les deux volontaires, solides, fiables. Et ils appartiennent autant l'un que l'autre à la race des vainqueurs.

Lianne hocha la tête, et s'aperçut alors que sa sœur ne pouvait pas la voir.

— Cette description lui convient plutôt bien, en effet. Mais de toute façon je ne suis pas son genre. Sa dernière petite amie en date n'avait rien à envier aux plus célèbres des top models : longue et fine comme une lianne, élégante, sophistiquée…

— Tu es toi aussi très jolie, *et* élégante, *et* sophistiquée !

Lianne éclata de rire.

— Tu trouves ? Quoi qu'il en soit, je ne corresponds pas au style de jeunes personnes qu'il fréquente, et ça me convient d'ailleurs très bien. En ce qui concerne Mark, je te raconterai comment s'est déroulée la soirée. Il faut que je te laisse, maintenant.

Après avoir raccroché, elle reporta son attention sur le dossier ouvert devant elle. *Tray et elle* ? Comment une idée pareille avait-elle pu venir à l'esprit de sa sœur ? C'était… absurde. Il travaillaient ensemble, rien de plus.

Sa montre affichait un peu plus de 23 heures lorsqu'elle rentra chez elle. Ils avaient dîné dans l'un des restaurants les plus en vogue de Washington. Mark y avait réservé une table, et ils n'avaient donc pas dû attendre. Tout en se déchaussant, Lianne se demanda comment il avait pu réaliser un tel exploit.

Pieds nus, elle entra dans la cuisine et mit de l'eau à chauffer dans la bouilloire. Une tasse de camomille l'aiderait à se détendre. Elle bâilla et grimaça. Les muscles de ses joues étaient tout endoloris. Elle ne gardait pas le souvenir d'avoir autant souri au cours d'une soirée.

« Sois polie. » Elle avait eu l'impression d'entendre la voix de sa mère durant tout le dîner.

Elle en était là de ses pensées lorsque le téléphone sonna. Au moment où elle décrochait, elle remarqua la petite lumière rouge qui clignotait sur le répondeur.

— Alors, comment ça s'est passé ? lui demanda aussitôt Tray.

Elle pensait avoir affaire à sa jumelle, et fut très étonnée d'entendre son patron.

— Bien.

— *Bien* seulement ?

— Il est agréable.

— Mais ?

— Pourquoi y aurait-il un « mais » ? lança-t-elle, prudente.

Mark n'était-il pas l'ami de Tray ?

— Avec la réponse que tu m'as fournie, il y en a forcément un !

Elle hésita, puis décida de lui dire sans plus tarder la vérité. A quoi bon attendre ?

— Soit, fit-elle avec un petit soupir. Je reprends donc : il est charmant... mais toujours amoureux de sa femme. Il n'a pas pu s'empêcher de me répéter encore et encore qu'elle était un ange, et qu'il se sentait très malheureux sans elle. S'il avait parlé une fois de plus de son ex, je pense que j'aurais poussé un hurlement !

Tray soupira à son tour.

— Je vois...

— Le pire, c'est qu'il s'en apercevait et essayait

chaque fois de redresser la situation. Mais quel que soit le sujet qu'il abordait, il finissait par reparler d'elle ! Je pense qu'il souhaite réellement l'oublier, mais qu'il n'est pas encore capable de tourner la page.

— As-tu l'intention de le revoir ?

— Non.

Le silence se fit sur la ligne.

— Je pourrais te présenter quelqu'un d'autre…

Mais Lianne ne le laissa pas poursuivre.

— Non Tray, merci. Anna-Liz a dans ses relations quelques célibataires qui correspondraient à ce… que je cherche. Nous verrons bien. Tout cela est ma faute. Je ne t'apprendrai rien en disant que j'adore mon travail. Au point d'avoir négligé ma vie sociale…

— Ne dramatisons pas, Lianne. La bataille ne fait que commencer.

— Je n'ai pas l'intention de me battre mais de faire un enfant !

Ses épaules s'affaissèrent. Elle se sentait accablée. Elle qui avait toujours rêvé de rencontrer l'amour, comme sa sœur… A présent tout paraissait si froidement calculé. Qu'était-il donc advenu de la joie qu'elle aurait dû éprouver ?

Le prix à payer pour avoir cet enfant n'était-il pas trop élevé ?

— Dans ton cas précis, il faut établir une stratégie pour atteindre son but.

— De plus en plus romantique, décidément ! Et… supposons que je rencontre quelqu'un qui… qui ne m'inspire aucun désir physique ?

— C'est ce qui s'est passé avec Mark ?

Elle attendit quelques secondes avant de répondre par l'affirmative.

— Il s'agissait d'un premier rendez-vous, Lianne.

— En principe, cela n'évolue pas.

— Tu trouveras quelqu'un, j'en suis sûr. Tiens-moi au courant de la suite des événements avec les relations de ta sœur. Sans ça, j'ai deux autres amis toujours célibataires.

— Et qui veulent peut-être le rester, comme toi.

— Tu penses que je ne me marierai pas ?

— Tray, tu as presque trente-six ans, et tu n'as jamais manifesté la moindre envie de vivre en couple, de fonder une famille. Je t'ai pourtant vu en compagnie de créatures de rêve… Je crois que tu es très exigeant. Et reconnais aussi que tu consacres le plus clair de ton temps à ton activité professionnelle.

— Ça ne signifie pas pour autant que je ne veuille pas, un jour, avoir une famille…

Le sifflement de la bouilloire retentit, et Lianne se dirigea vers la cuisine pour, d'une main, finir de préparer la tasse de camomille.

— Penses-tu qu'il existe au monde plusieurs personnes auprès de qui chacun de nous puisse trouver le bonheur ?

— Peut-être.

Elle marqua une pause.

— Si nous avions une seule chance, ce serait assez… risqué, non ?

— Evitons de nous poser des questions d'ordre existentiel, à cette heure ! Je suggère plutôt que tu ailles te coucher, et que tu appelles ta sœur demain pour la suite des opérations.

Ils se souhaitèrent bonne nuit, et Lianne s'assit dans la cuisine pour boire son infusion tout en se remémorant sa soirée. Elle constatait que le point culminant de cette soirée était le moment pendant lequel elle avait parlé avec Tray. Voilà qui en disait long sur ses chances de trouver l'homme de sa vie !

Elle se rappela alors les propos étranges de sa sœur. Anna-Liz pensait qu'elle devrait se lancer à la recherche de quelqu'un qui ait le profil de Tray…

Tray était certes bel homme. Un spécimen masculin très attirant, mais il n'en restait pas moins son employeur. Or le jour même où elle avait été embauchée à Assistance Plus, elle avait décidé de n'avoir que des relations professionnelles avec les gens qui y travaillaient. Elle avait entendu le récit de maintes aventures qui avaient mal fini, et ne tenait pas elle-même à mettre en péril son poste.

L'espace de quelques minutes, elle imagina un tout autre style de relation avec Tray. Une relation brève, sans aucun doute, puisqu'il ne passait jamais plus de quelques mois avec ses compagnes. Non ! Elle préférait ne rien changer à la nature de leurs rapports, plutôt que figurer un jour à son tableau de chasse.

Elle finit son infusion et alla se coucher. D'autres occasions se présenteraient le lendemain.

Lianne consacra une partie du samedi matin à faire du ménage. C'était en général assez rapide, car elle passait trop peu de temps chez elle pour y semer le désordre. Ces tâches ménagères finies, elle se doucha et, vêtue d'un jean et d'un chemisier rose pâle, se rendit chez sa sœur.

Anna-Liz et Dominic habitaient un luxueux

appartement situé près de Dupont Circle, quartier de Washington peuplé de résidents plutôt jeunes et aisés. Il y avait là bon nombre de cafés avec terrasse, de restaurants, de boutiques de mode. Se garer dans ce secteur était toujours problématique, et elle préféra donc prendre un taxi. Au moment où la voiture freinait devant l'immeuble, il se mit à pleuvoir. Lianne ne put réprimer une grimace. Elle qui avait justement prévu de se promener dans les rues animées et de prendre un café en terrasse…

Anna-Liz lui ouvrit à la première sonnerie et l'embrassa chaleureusement.

— Entre donc ! Nous serons seules, puisque Dominic est parti pour quelques jours. Quel été lamentable ! ajouta-t-elle, le bras tendu vers la fenêtre, derrière laquelle apparaissait le ciel tout gris. Moi qui pensais que nous pourrions passer un agréable moment entre filles, à flâner dans les rues, ça m'a l'air compromis.

— C'était mon intention aussi.

Elles se regardèrent et partirent d'un même éclat de rire. Ce lien profond les unissait depuis leur plus tendre enfance : elles avaient souvent les mêmes idées, les mêmes envies.

— Tant pis, je vais préparer le café que nous devions prendre en terrasse !

Lianne suivit sa sœur dans la cuisine ultramoderne aux couleurs acidulées. Quelques instants plus tard, Anna-Liz posait deux express fumants sur le bar et s'asseyait à côté de sa sœur.

— Où est parti Dominic, cette fois ? lui demanda Lianne.

— A Bruxelles. Un congrès de l'Otan s'y déroule ce week-end, et certains membres de son entreprise y ont été envoyés pour parer à tout ennui informatique.

— Tu n'avais pas envie de l'accompagner ?

— Pas cette fois. Je suis sur le point de conclure une super vente, et je ne voulais pas courir le risque de la perdre en partant.

Anna-Liz travaillait dans l'immobilier. Son agence était spécialisée dans les produits de luxe, et elle avait souvent pour clients des personnalités politiques ou des dignitaires étrangers.

— Mais parlons plutôt de toi. J'ai du mal à croire que nous n'ayons pas imaginé un seul instant que la situation risquait d'aboutir à une crise. Es-tu certaine du diagnostic ?

Lianne avala une gorgée de café avant de répondre à sa sœur.

— J'ai pris rendez-vous chez un autre médecin, mais je doute que le Dr Wright, qui me suit depuis longtemps, ait pu commettre une erreur aussi monumentale. D'ailleurs, rien ne prouve que je puisse être enceinte. J'ai tout de même envie de tenter ma chance. Et il ne faudrait pas que je tarde trop…

Anna-Liz but à son tour une gorgée de café, puis, avec ce dynamisme qui lui était propre, entreprit de brosser à sa sœur le tableau de l'homme qu'elle s'apprêtait à lui présenter.

— Bill travaille dans la même agence que moi. Il a à peu près ton âge et n'a jamais été marié. Ça t'évitera au moins de l'entendre parler de son ex !

— Crois-tu qu'il aurait envie de se marier et d'avoir un enfant ?

— S'il rencontre la femme idéale, bien sûr !

Levant la main pour l'empêcher de protester, Anna-Liz continua de décrire son collègue de travail…

Tray lança son stylo sur le bureau et se leva pour faire les cent pas. Il ne parvenait pas à se concentrer. L'intérêt qu'il portait d'ordinaire à son travail était ce jour-là émoussé. D'habitude, il profitait du samedi pour mettre à jour les dossiers en attente. Pas ce samedi. Il était… absent.

Glissant nerveusement la main dans ses cheveux, il se servit une autre tasse de café et avança vers la fenêtre. Le ciel était tout gris, et la pluie cinglait les vitres. Il avait mal dormi. Aussi mal que les nuits précédentes. Que toutes les nuits, depuis qu'il avait appris que Suzanne l'avait privé du plaisir d'avoir un enfant, sans même le consulter.

Suzanne ne voulait pas d'enfant. Lianne en voulait désespérément. Le front collé à la vitre, il regarda sans le voir ce paysage urbain qui lui était si familier. Il aurait voulu être en mesure d'aider sa collaboratrice. Venir en aide aux autres, n'était-ce pas la voie qu'il avait choisie ?

Il se tourna lentement et posa le regard sur les murs, placardés de cartes de tous les coins du monde. Ces cartes détaillées n'étaient pas un accessoire de décoration mais un véritable outil qu'il utilisait pour porter secours à des gens en situation difficile.

Huit ans plus tôt, il avait décidé de monter cette affaire qui n'avait cessé depuis de croître à un rythme régulier. Ces derniers temps, il lui était même arrivé d'avoir du mal à faire face à la demande malgré de nombreuses embauches.

Mais l'attitude de Suzanne l'avait profondément ébranlé. Il avait cru avoir trouvé une femme qu'il admirerait, respecterait, et avec laquelle, peut-être, il construirait sa vie. Cru qu'elle lui donnerait des enfants auxquels il léguerait son entreprise. Des enfants qui feraient de son oncle un grand-père. Il avait pensé qu'ils passeraient leurs vacances tous ensemble, qu'ils organiseraient des fêtes d'anniversaire, prépareraient Noël…

Car il voulait offrir à ses enfants ce que la vie ne lui avait pas toujours donné. Son oncle avait fait pour lui tout ce qu'il était en mesure de faire, certes, mais il désirait gâter davantage sa propre progéniture. C'était pour cette raison aussi qu'il s'investissait à ce point dans son activité professionnelle : pour que la génération future ait son avenir assuré.

Et la génération future venait de disparaître grâce aux bons soins de Suzanne, qui n'avait pas eu envie de se « compliquer l'existence » ! Une bouffée de rage le submergea. Rage qu'il connaissait bien maintenant, pour la ressentir chaque fois qu'il songeait à celle qui, il avait fini par le découvrir, n'était qu'un monstre d'égoïsme.

Cette grossesse était un accident, car ils

avaient toujours eu des rapports protégés. Elle n'avait pas jugé utile de l'en informer, et avait pris seule la terrible décision.

Après une explication pour le moins houleuse, il avait rayé Suzanne de sa vie, et n'avait eu aucune autre relation de cette nature. Il lui en voulait de l'avoir berné, et il se reprochait de s'être montré assez naïf pour aller jusqu'à imaginer un avenir avec cette femme.

La vie était décidément très injuste, comme se plaisait à le répéter son oncle. Lianne était prête à bien des compromis, pour avoir un enfant. C'était elle qu'il aurait dû prendre comme compagne, et non la belle Suzanne, qui avait une pierre à la place du cœur.

Le téléphone sonna à ce moment-là. Ravi de pouvoir sortir de ces sombres pensées, Tray décrocha à la deuxième sonnerie. Il reconnut sur-le-champ la voix de Mark. Assez abattu, ce dernier lui raconta l'essentiel de sa soirée avec Lianne, sans chercher à occulter ses multiples bévues.

— Quand je l'ai raccompagnée chez elle, j'ai bien remarqué qu'elle n'avait aucune envie de s'attarder, et je n'ai donc pas cherché à l'embrasser. Quel idiot je fais ! Lui parler sans arrêt de Wendy... Je l'ai appelée deux fois aujourd'hui, mais j'ai eu affaire à son répondeur. Tu penses que je dois insister, ou pas ?

— Attends un jour ou deux avant de la rappeler. Et si tu n'arrives toujours pas à lui parler, je te conseille d'oublier Lianne.

Tray savait que la jeune femme ne souhaitait pas revoir Mark, mais il ne voulait pas heurter son ami.

— Mm… Celle que je devrais surtout oublier, c'est Wendy ! Je croyais être prêt à passer à autre chose, mais ce n'est apparemment pas le cas.

Ils bavardèrent pendant quelques minutes encore, et quand la conversation prit fin, Tray se félicita d'avoir pu tirer si facilement un trait sur Suzanne. Et il espérait bien ne jamais se retrouver dans la même situation que Mark.

Songeur, il prit le dossier qu'il étudiait et se dirigea vers le couloir. Comme il passait devant le bureau de Lianne, il s'y arrêta. Elle travaillait souvent le samedi. Au moment même où il poussait la porte entrebâillée, il fronça les sourcils. Il n'avait pas besoin de la voir, ce jour-là. Rien ne pressait. Il pouvait attendre jusqu'à lundi.

De toute façon, elle n'était pas là. Il allait refermer la porte derrière lui, lorsqu'il vit une feuille de papier par terre, près de l'imprimante.

Cela ne ressemblait pas à Lianne. A l'inverse de lui, elle possédait un sens de l'ordre très prononcé. Il se pencha pour ramasser la feuille et la poser sur le bureau. D'un bref regard, il constata qu'il s'agissait d'une liste.

Et il s'immobilisa, quelques mots ayant attiré son attention. La liste en question était bizarre.

- Athlétique (qui ne mène pas une vie sédentaire) ;
- cultivé (pour pouvoir apprendre beaucoup de choses à notre enfant) ;
- s'intéressant aux événements de la vie des enfants (activités scolaires et extrascolaires, fêtes de fin d'année, remises de diplômes) ;
- s'intéressant au système éducatif et aux études ;
- s'intéressant à la culture (musées, cinéma, lecture, etc.) ;
- ayant le sens de la famille (jusqu'à la majorité de l'enfant au moins).

Après avoir parcouru cette liste du regard, Tray la relut plus attentivement. A n'en pas douter, Lianne avait noté là les qualités qu'elle espérait trouver en son futur compagnon. Un petit rire sarcastique franchit ses lèvres. Il doutait que beaucoup d'hommes apprécient d'être choisis selon ce genre de critères…

Poussé par la curiosité, il prit place au bureau de la jeune femme et machinalement griffonna quelques mots à côté de chacun des critères requis. Il travaillait la plupart du temps dans un bureau, mais ne se considérait pas pour autant comme sédentaire. Il fréquentait souvent son club de gymnastique, pratiquait le ski en hiver et la voile en été. Dans la mesure où il intervenait souvent sur le terrain, de par ses fonctions, il jugeait indispensable d'être en bonne forme physique.

Il était près de 19 heures lorsqu'il termina ce qu'il considérait comme un exercice pour pénétrer l'esprit de Lianne. D'un geste distrait, il froissa la feuille et la lança dans la corbeille à papier.

Jusque-là, il avait cru bien connaître celle qu'il considérait comme sa plus proche collaboratrice, mais cette liste n'avait pas manqué de le surprendre. Pas par le fait qu'elle l'ait dressée — Lianne était coutumière de ce genre de procédé —, mais par ce qu'elle y avait noté. Les points qu'elle jugeait importants le surprenaient. Il n'était nulle part question d'elle-même, de ses propres attentes, de son propre plaisir. Etait-elle à ce point obnubilée par l'idée d'avoir un bébé qu'elle en oubliait ses besoins, ses envies ?

A lire cette liste, on aurait cru qu'elle renonçait à toute vie amoureuse. Une femme jeune et jolie comme elle…

Le dimanche matin, Lianne dormit tard — pour elle tout au moins. Debout à 8 heures, elle se doucha, s'habilla, et s'installa dans le salon pour prendre son petit déjeuner. Elle n'avait aucun but précis pour la journée, qui s'annonçait interminable.

La soirée de la veille, avec Bill, s'était révélée aussi peu concluante que celle passée avec Mark. Ce n'était peut-être pas étonnant qu'elle soit toujours célibataire, si elle se montrait aussi difficile ! Mais elle n'y pouvait rien. Elle souhaitait offrir à son enfant le meilleur des pères. Or Mark n'avait pas encore tourné la page de son mariage, et Bill lui avait semblé trop immature lui-même pour faire un bon père.

De surcroît, elle n'avait ressenti aucune attirance physique, ni pour l'un ni pour l'autre. Or faire un enfant avec quelqu'un qui ne lui inspirait pas le moindre désir ne serait pas chose facile…

Le petit déjeuner fini, elle décida de se rendre au bureau pour travailler une heure ou deux à l'élaboration d'un dossier. Elle préparait la visite officielle d'un chef d'état africain, qui serait reçu le mois suivant aux Etats-Unis. Il ne s'agissait pas d'un personnage très connu sur la scène internationale, mais par mesure de sécurité, l'ambassade du petit pays africain s'était tout de même adressée à Assistance Plus.

Elle passa finalement la matinée assise à son bureau, et à midi, décida de déjeuner d'une salade dans un petit restaurant situé au coin de la rue. Qui sait, peut-être y rencontrerait-elle celui qu'elle cherchait ? Elle grimaça. Cette quête commençait à tourner à l'obsession…

Soupirant, elle se leva. Elle s'apprêtait à sortir quand elle vit dans la corbeille à papier une feuille froissée. Surprise, elle s'arrêta. Cette pratique n'était pas la sienne. Jamais elle ne froissait de cette façon un document avant de s'en défaire.

Poussée par la curiosité, elle plongea la main dans la corbeille et déplia la feuille. Il s'agissait de l'une des multiples listes qu'elle avait tenté de dresser. Une liste complétée de la main de Tray, dont elle reconnut l'écriture sur-le-champ.

Lianne sentit le rouge lui monter aux joues.

Elle n'aurait pas réagi autrement si elle s'était aperçue qu'il avait ouvert son journal intime ! A la différence près qu'elle ne tenait pas de journal intime, et qu'elle ne l'aurait certainement pas laissé ouvert sur son bureau.

Puis son attention fut attirée par la nature des notes apposées à côté des siennes. Elle les lut à plusieurs reprises, de plus en plus troublée. Tray correspondrait-il à ce… portrait robot ?

En fait, ce qu'elle lut ne la surprit pas. Avant d'avoir pris connaissance de ces notes, elle savait que Tray possédait les qualités qu'elle attendait d'un futur père. Ouvert, curieux de tout, il s'intéressait à la culture sous toutes ses formes, et serait pour un enfant un merveilleux modèle masculin.

Elle crut entendre sa sœur.

« Tu passes le plus clair de ton temps avec Tray. »

Elle admettait en effet passer beaucoup de temps avec son patron, et pour une raison très simple : ils avaient pris dès le début l'habitude de travailler ensemble, et elle était devenue tout naturellement sa plus proche collaboratrice.

Bien sûr, elle l'avait trouvé très séduisant lors de l'entretien d'embauche. Et puis il avait retenu sa candidature, et elle s'était depuis lors efforcée de voir en lui un supérieur hiérarchique, rien de plus. Le poste qu'il lui avait confié l'intéressait trop pour qu'elle le mette en péril.

Avec le temps, elle avait pris l'habitude d'entendre dans les couloirs quelques commentaires sur ses aventures. Il lui était même arrivé de croiser certaines de ses conquêtes. Des créatures de rêve, avec lesquelles elle pouvait difficilement entrer en compétition. D'autant qu'elle n'en avait aucune envie.

Son statut lui convenait très bien. Elle appréciait en particulier les longues soirées qu'ils passaient ensemble au bureau, à démêler une affaire complexe, tout en mangeant de la pizza et en buvant du café. Il y avait entre Tray et elle une véritable entente. Une complicité, même…

Elle ne ressemblait pas à l'une de ces jeunes personnes à la plastique parfaite qu'il choisissait pour compagnes, et s'en félicitait. Cela ne l'avait pas empêchée d'éprouver un certain plaisir lorsqu'il lui avait dit, au cottage, qu'il la trouvait jolie.

Elle plia la feuille et la glissa dans la poche arrière de son jean. Puis elle prit son sac et sa veste, et quitta le bureau en haussant les épaules. Elle ne se mettrait certainement pas en tête des idées fantaisistes sur sa relation avec Tray. Bien que les hommes qu'elle avait rencontrés tout récemment lui aient paru bien insipides, comparés à lui.

Lianne passa le dimanche entier à regretter d'être allée au bureau ce matin-là. Elle avait jeté la fameuse liste à la poubelle, puis l'y avait repêchée et ce, à deux reprises. Elle finit par la ranger dans le dernier tiroir de sa commode, sous une pile de pull-overs.

Mais loin des yeux ne signifiait pas loin du cœur ! Puisque Tray avait pris la peine d'inscrire toutes ces notes, serait-il par hasard… intéressé ?

En supposant que ce soit le cas, elle ne tarderait pas à le savoir. Il était trop direct pour ne pas lui en parler.

Et s'il le faisait, comment réagirait-elle ? Cette perspective l'effrayait et l'enchantait à la fois.

Sur le point d'appeler sa sœur, elle se ravisa. Au lieu de cela, elle monta dans sa voiture et prit la direction du cottage. Il faisait nuit lorsqu'elle y arriva. Comme toujours, le bruit des vagues eut sur elle un effet apaisant presque immédiat.

Bien couverte, elle resta longtemps assise sur la plage. Lorsqu'elle se décida à rentrer et à se coucher, elle avait réussi à recouvrer un semblant de calme.

Elle eut cependant du mal à chasser Tray de son esprit, cette nuit-là…

Le lundi matin, elle arriva au bureau assez sereine pour entendre ce que Tray avait à lui dire. Au moment où elle allumait son ordinateur, Jenny apparut à la porte.

— Lianne, je pense que… Tray ne va pas bien, lança-t-elle d'une voix tendue.

— Que veux-tu dire par là ?

Elle avait du mal à imaginer Tray en difficulté.

— Je lui apportais ce matin le listing qu'il m'a réclamé vendredi, et au lieu de m'accueillir par un « Il était temps ! », il ne m'a pas ouvert la porte de son bureau. Il m'a même demandé de partir. C'est bien la première fois qu'il refuse de me laisser entrer…

— Où est Emily ? s'enquit Lianne.

Emily était la secrétaire particulière de Tray.

— Pas à son bureau, en tout cas.

La jeune femme se leva. Tray n'avait pas coutume de se comporter de la sorte.

— Donne-moi ce listing, Jenny. Je vais le lui remettre.

Quelques instants plus tard, elle constatait qu'Emily n'était effectivement pas à son poste. Que se passait-il donc, ce matin ?

— Tray ? fit-elle en frappant à la porte de son bureau. J'ai le listing des Sanderson.

— Mmh…

Elle cligna des paupières, puis poussa le battant et glissa la tête par l'entrebâillement. Après avoir fouillé la pièce du regard, elle vit Tray debout devant la baie vitrée, les deux mains plongées dans les poches de son pantalon.

L'ayant entendue entrer, il se tourna dans sa direction et darda sur elle un regard noir.

— Je ne veux pas qu'on me dérange.

Mais Lianne referma la porte derrière elle et avança vers le bureau encombré pour y poser le document qu'elle avait apporté.

— Que se passe-t-il, Tray ?

Il resta de marbre pendant une longue minute. Puis il se détourna pour reporter son attention sur la fenêtre. Mais pas avant qu'elle ne voie ses traits se transformer, afficher un profond chagrin. Jamais elle ne l'avait vu arborer une expression pareille.

— Mon oncle est mort brusquement ce matin, articula-t-il. Je viens tout juste de l'apprendre. Je lui ai parlé il y a quelques jours à peine, et il ne m'a rien signalé d'anormal. Bon sang… il n'avait que cinquante-neuf ans !

3.

— Oh, Tray… je suis désolée, fit-elle ne sachant quelle attitude adopter.

Au moment même où Lianne prononçait ces mots, ils lui parurent terriblement creux. Elle était sous le choc. C'était la première fois qu'elle voyait Tray dans un tel état. Lui qui, d'ordinaire, donnait toujours l'impression d'être inébranlable…

— Etiez-vous très proches ?

— C'est lui qui m'a élevé.

— Oh…

L'image de son père surgit soudain dans son esprit. Elle serait profondément ébranlée s'il lui arrivait malheur. N'écoutant que son instinct, elle avança vers Tray et lui posa la main sur l'épaule. Elle ne pouvait pas le prendre dans ses bras, car la nature de leur relation ne l'y autorisait pas. Elle pouvait cependant rester près de lui, même sans mot dire, afin de lui manifester son soutien.

Au bout de quelques minutes d'un silence très dense, Tray poussa un soupir.

— Il va maintenant falloir que je m'occupe des obsèques, de régler ses affaires. J'étais sa seule famille, et je n'avais moi-même que lui au monde, murmura-t-il.

— Où vivait-il ?

— A Richmond. C'est là que j'ai grandi. Je suis allé le voir en août dernier. J'ai parlé avec lui il y a deux jours encore.

Il souffrait, et curieusement, elle souffrait elle aussi.

— Je t'accompagne.

— Pourquoi ? fit-il sans bouger.

— Parce que je pense que tu ne dois pas rester seul dans une situation pareille. Mais tu préfères peut-être que ce soit quelqu'un d'autre qui t'accompagne ? Emily ? Ou Suzette ?

— Elle s'appelle Suzanne, et s'il y a bien quelqu'un au monde dont je ne souhaite pas la présence, c'est elle. Quant à Emily, elle a sa propre famille. Elle n'est jamais que ma secrétaire.

« Et je ne suis moi que la plus ancienne de

tes employées, mais j'ai envie d'être à tes côtés en ces circonstances. »

— Bien, ce sera donc moi. Nous allons prévenir Emily de notre départ, et je passerai prendre quelques affaires chez moi. Il faut que tu prépares toi aussi un sac. Je peux conduire, conclut-elle en accentuant la pression de sa main sur son bras.

— C'est gentil Lianne, mais j'en suis parfaitement capable. Es-tu sûre de vouloir venir avec moi à Richmond ?

Elle hocha la tête. A ses yeux, il était anormal, sinon inhumain, que quelqu'un doive affronter seul la perte d'un être cher.

— Tu m'as aidée quand j'en avais besoin. C'est bien le moins que je puisse faire.

— Merci.

Dès cet instant, il se ressaisit et prit son téléphone pour laisser des consignes à suivre durant son absence.

— Nous nous arrêterons d'abord chez toi, dit-il à Lianne, et ensuite chez moi. Il n'y a pas plus d'une heure de trajet d'ici à Richmond.

Une heure seulement ? Ce laps de temps paraissait bien court à Lianne, mais bien sûr, elle ne possédait pas de voiture de sport.

En dix minutes à peine, elle rassembla quelques

vêtements — dont un tailleur noir — et affaires de toilette, puis remonta dans le véhicule, qui l'attendait, garé en double file devant la porte de son immeuble. Tray attendit qu'elle ait bouclé sa ceinture de sécurité pour redémarrer.

— Impressionnant…, observa-t-il en se glissant dans le flot de voitures.

— Quoi donc ?

— La vitesse à laquelle tu as préparé ton bagage. La plupart des femmes que j'ai connues auraient mis plus de temps pour choisir leur rouge à lèvres !

— Eh bien, voilà qui prouve que je suis différente des autres ! répliqua-t-elle en haussant les épaules.

Tray conduisait avec souplesse, et, confortablement installée dans le luxueux coupé, elle avait presque l'impression qu'ils volaient dans les rues encombrées. Il habitait le même quartier qu'Anna-Liz, mais disposait, lui, d'un parking privé à l'arrière de l'immeuble.

— Je ne serai pas long moi non plus. Que préfères-tu, monter ou m'attendre ici ?

— Je te suis, dit-elle.

Leurs relations n'ayant jamais dépassé le cadre professionnel, elle n'était jamais allée chez lui et était curieuse de connaître le lieu où il vivait. Le décor minimaliste, dans des dégradés de beige et marron, ne la surprit pas outremesure.

— Installe-toi, lui dit-il, désignant un fauteuil en cuir très souple couleur sable. J'en ai pour quelques minutes.

Lianne s'exécuta et continua de regarder autour d'elle. Elle avait du mal à imaginer Tray allongé sur ce divan, face à cet écran plat. Lui qui ne tenait pas en place, qui gérait plusieurs affaires en même temps… Il y avait au mur des toiles modernes, qui apportaient des notes chaleureuses à cet intérieur. Elle aurait voulu visiter tout l'appartement, mais les circonstances ne s'y prêtaient pas.

Quelques instants plus tard, ils repartaient et faisaient route vers le sud. Ils avaient parcouru une vingtaine de kilomètres quand Lianne s'interrogea sur l'opportunité de sa démarche. Elle travaillait pour Tray depuis un certain temps, mais ils n'étaient pas à proprement parler amis. Pourtant, sa réaction avait été immédiate. Il lui avait semblé impossible de le laisser affronter seul cette épreuve.

— Parle-moi de ton oncle, dit-elle soudain, tournée vers Tray.

Il se passa la main gauche sur la nuque.

— Par où commencer ?... Il ne s'est jamais marié. Sans doute parce qu'il pensait qu'un mariage aboutirait à des enfants, et que ma propre éducation lui suffisait.

— Comment se fait-il que ce soit lui qui t'ait élevé ?

— Il était le frère de ma mère. A sa mort, il a pris la relève. Il pensait probablement que mon père reviendrait un jour ou l'autre. Ce qu'il n'a jamais fait.

— Où était-il parti ?

— Dieu seul le sait ! J'avais six mois à peine quand ma mère a été emportée par un cancer fulgurant. Mon père, qui ne supportait apparemment pas l'idée de devoir m'élever seul, a aussitôt disparu.

— Oh...

— Dans ce paysage plutôt sombre, j'ai quand même eu la chance d'avoir un oncle disposé à s'occuper de moi. Ce qui n'a sans doute pas toujours été facile, pour le célibataire qu'il était.

L'air pensif, Lianne hocha la tête.

— Le rôle de parent unique n'est pas évident.

— C'est pourtant celui que tu t'apprêtes à

jouer, répliqua-t-il en lui décochant un bref regard.

— Peut-être. A moins que je ne trouve dans quelques jours l'homme de ma vie ! Mais quoi qu'il en soit, je souhaiterais que le père de mon enfant soit présent en certaines occasions, et non qu'il disparaisse à tout jamais comme l'a fait le tien. Tu m'as bien dit tout à l'heure que ton oncle était ta seule famille ?

— Oui. J'étais enfant quand mes grands-parents maternels ont quitté ce monde, et je n'ai jamais connu ma famille paternelle.

— J'ai du mal à l'imaginer, moi qui appartiens à une famille si nombreuse.

— On s'y fait, par la force des choses, déclara-t-il avec un haussement d'épaules.

Elle n'en doutait pas, mais il n'en restait pas moins que cette situation lui semblait bien triste.

Un peu plus tard, Tray quittait la route pour s'engager sur une voie qui menait à une agglomération. Il s'arrêta enfin devant une ancienne maison en pierre entourée d'un jardin. Le jardin n'était pas très bien entretenu, et les murs de la bâtisse étaient lézardés par endroits, mais cela n'enlevait rien à son aspect accueillant.

Ils n'étaient pas encore descendus de voiture

que la porte de la maison voisine s'ouvrit sur un homme d'une soixantaine d'années, qui avança vers eux.

— Traynor, mon garçon, lança-t-il en lui donnant l'accolade. Je suis désolé… Ça a dû être un choc terrible pour toi. Dans le quartier, personne ne s'y attendait. Cela dit, il a eu une belle mort. Il est parti dans son sommeil.

L'homme au crâne dégarni secoua la tête et soupira.

— Nous nous entendions bien, Hal et moi, poursuivit-il. Depuis le temps… Il me parlait d'ailleurs de toi il y a une semaine à peine. Il voulait faire quelques travaux dans la maison, rafraîchir la peinture de quelques pièces. Et il m'a dit qu'il attendait que tu viennes pour l'aider.

Lianne, qui les avait rejoints, restait quelques pas en arrière afin de ne pas paraître indiscrète. Tray la prit par le bras.

— Sam, je vous présente Lianne O'Mallory, une amie. Lianne, voici Sam Friedman. Mon oncle et lui étaient très liés.

Ils se saluèrent, et elle les écouta parler pendant quelques minutes encore du défunt. Puis Tray sortit leurs bagages du coffre du coupé et traversa l'allée qui menait à la bâtisse.

Lorsqu'elle entra dans le couloir, elle constata que l'intérieur était à l'image de l'extérieur. Bien que n'étant plus de toute première jeunesse, la maison ne manquait pas de charme.

Tray avança dans le couloir, regardant autour de lui.

— C'est étrange de savoir qu'il n'arrivera plus jamais de la cour arrière pour venir à ma rencontre…, dit-il d'une voix empreinte de chagrin.

— Dis-moi ce que je peux faire pour me rendre utile.

— Je propose que nous déjeunions d'abord. Cet après-midi, si tu le veux bien, tu m'accompagneras pour accomplir les démarches nécessaires.

Ce soir-là, Lianne dormit dans une chambre d'amis qui semblait ne pas avoir été souvent occupée. La pièce était propre mais sommairement aménagée. Après avoir mis des draps propres dans le lit, elle parcourut distraitement du regard les quelques livres alignés sur des étagères.

Dans l'après-midi, Tray avait accompli bon nombre de démarches administratives. A plusieurs reprises, elle avait vu son regard se voiler, et s'était félicitée d'être venue là avec lui.

Les obsèques eurent lieu le lendemain en fin de matinée. Si Lianne resta à côté de Tray pendant toute la durée de la cérémonie, elle décida de le laisser ensuite en compagnie de tous les gens qu'il connaissait, et de retourner à la maison.

L'après-midi touchait à sa fin lorsqu'il la rejoignit.

— Je suis épuisé, déclara-t-il, d'une voix qui ne démentait pas ses propos. Je préfère, et de loin, tenter de déjouer dix complots terroristes plutôt que d'endurer ce genre d'épreuve. Enfin, ça ne devrait pas se reproduire…

— Pas de sitôt, en tout cas. Veux-tu une tasse de thé ?

— Non merci.

Il se rapprocha d'elle et lui posa la main sur l'épaule en esquissant un sourire.

— Merci d'être venue, Lianne. Ta présence m'a aidé à mieux vivre ces moments difficiles.

Elle lui rendit son sourire.

— Ce genre d'événement nous oblige à voir la vie sous un autre angle. Si on m'avait posé la question, j'aurais répondu que mon oncle était immortel. Pourtant…

— Ce sont les accidents de la vie, Tray.

— Ma mère est morte très jeune. Mes grands-parents n'ont pas vécu bien vieux. Mon oncle non plus.

— Tu as aussi hérité des gènes de ton père, et qui sait, il y a peut-être des centenaires dans ta famille paternelle.

Il hocha la tête avec lenteur et chercha son regard.

— Où en es-tu de tes recherches ?

— On ne peut pas dire que j'aie beaucoup avancé…, lui répondit-elle avec un petit soupir.

— Mais tu cherches toujours, n'est-ce pas ? J'ai vu la liste que tu avais dressée…

— Et j'ai vu, moi, que tu y avais apposé tes propres notes.

Il acquiesça, et elle s'enhardit à ajouter, d'un ton qui se voulait enjoué :

— Serais-tu intéressé, par hasard ?

— Eh bien… oui.

Elle cligna des paupières et le fixa.

— Tu as bien entendu, Lianne. La mort subite de Hal a changé ma vision de la vie. J'y ai réfléchi tout l'après-midi. Je suis le dernier de ma famille. A ma mort, il n'y aura personne pour me pleurer, personne pour se souvenir de moi.

— Tray…

— Je suis sérieux. Quand je partirai, je voudrais laisser sur cette Terre un enfant à moi. Peut-être même plus. Et je voudrais que sa mère soit quelqu'un en qui j'ai entièrement confiance.

Lianne avala sa salive. Tout allait très vite.

Tray souhaiterait être le père de son enfant ? N'était-ce pas ce qu'elle cherchait ? Un homme qui lui ressemble ?

— Et qu'est-il advenu des ravissantes jeunes femmes que tu côtoyais ?

Elle vit ses traits se durcir, et resta sans voix lorsqu'il lui exposa le motif de sa rupture avec Suzanne. Décidément, la vie était très injuste !

— Comme je te l'ai dit, reprit-il, j'ai beaucoup réfléchi pendant la journée. Accepterais-tu de… d'examiner ma candidature ? conclut-il avec un petit rire forcé.

Lianne glissa ses cheveux derrière ses oreilles et regarda autour d'elle.

— Ecoute, c'est assez… surprenant. Il s'agit

peut-être d'une réaction à ce brusque décès. Tu as été choqué, et…

Elle se tut, ne trouvant pas ses mots.

— Je ne prétendrai certainement pas le contraire, mais ça ne change rien aux faits. Comme tu le sais, j'ai trente-cinq ans. Si je n'ai pas trouvé jusqu'ici la prétendue âme sœur, il y a peu de chances pour que je la rencontre avant d'être trop vieux pour devenir père !

— Jusqu'ici, tu n'as jamais manifesté le moindre désir d'avoir un enfant, répliqua-t-elle sèchement.

— Jusqu'ici j'étais persuadé d'avoir toute la vie devant moi…

— C'est ce que je croyais moi aussi, mais il semblerait que je me sois trompée. En tout cas, tu as le temps de choisir, toi !

— Et je *te* choisis.

Lianne sentit les battements de son cœur s'accélérer. Elle les imaginait soudain, Tray et elle dans les bras l'un de l'autre… en train d'essayer de faire ce bébé. Elle avait certes décidé de se lancer en quête d'un partenaire, mais de la théorie à la pratique…

Le temps pressait, elle le savait. Un jour prochain, les douleurs mensuelles deviendraient insupportables, et il faudrait prendre

« la » décision. Depuis sa dernière visite chez le Dr Wright, elle avait lu une foule d'articles qui confirmaient le diagnostic de celle-ci. Le gynécologue qu'elle verrait bientôt serait sans doute du même avis.

Avec ou sans enfant, elle serait bientôt confrontée à l'inéluctable.

— Accorde-moi une nuit de réflexion, murmura-t-elle.

C'était tout réfléchi. L'homme qui venait de lui faire cette proposition saugrenue était Traynor Elliott. Ce même Traynor Elliott qui multipliait les conquêtes, qui sillonnait la planète, qui fréquentait des gens importants…

Et il voudrait lui faire croire qu'il désirait être le père de son enfant ?

— D'accord.

Il baissa les yeux sur sa montre et ajouta :

— Si nous commandions une pizza pour dîner ?

En quelques secondes à peine il était revenu sur un terrain qui leur était familier. Lianne se mordilla les lèvres, regrettant de ne pouvoir faire de même.

— Bonne idée, répondit-elle néanmoins.

Sitôt la dernière bouchée avalée, elle monterait

se réfugier dans sa chambre et, le matin venu, elle déclinerait sa proposition.

Tray raccrochait après avoir passé la commande quand il vit Lianne traverser le couloir pour entrer dans le salon. Il fut tenté de la suivre mais ne le fit pas. Au lieu de cela, il sortit et s'assit sur la dernière marche du perron, face au jardin plongé dans la pénombre.

Tout en bavardant avec les uns et les autres, il avait passé l'après-midi entier à penser à l'avenir. Un avenir qui lui tendait les bras. Il serait un bon père. Un père solide, fiable, à l'écoute, comme l'avait été pour lui l'oncle Hal. Pas comme celui dont il portait les gènes, qui, confronté aux difficultés, s'était empressé de s'enfuir.

Lianne serait-elle prête à le suivre dans cette aventure ? Il avait toutefois quelques conditions à poser. Les accepterait-elle ?

Habitué comme il l'était à prendre des décisions rapides, il avait hâte d'entendre sa réponse. Il comprenait cependant qu'elle ait besoin de réfléchir. Jusque-là, cette idée ne lui serait jamais venue à l'esprit. Mais, comme il lui avait dit, la disparition soudaine de Hal l'avait incité à poser un regard nouveau sur son existence.

Lianne serait pour lui une compagne parfaite :

ils s'entendaient bien, il avait en elle une confiance aveugle… et elle était très attirante, ce qui ne gâchait rien.

Ils avaient de fait bien plus de points communs que la plupart des couples prêts à faire un enfant. Il fallait qu'elle accepte sa proposition. Pourquoi la déclinerait-elle ?

Tray se réveilla tôt, le lendemain. Le soleil n'était pas encore levé. Il resta dans son lit, bien calé contre les oreillers, se remettant en mémoire les tâches à accomplir avant de repartir pour Washington.

Il devrait cette fois bien refermer la maison. Les premiers temps, il y reviendrait les week-ends pour effectuer les travaux de restauration qu'envisageait son oncle. Ensuite, il lui faudrait décider s'il la mettait en vente ou plutôt en location. Car il ne s'imaginait pas y vivre. Pas pour le moment, du moins. L'affaire qu'il dirigeait se trouvait à Washington, et il n'envisageait pas une retraite prématurée. Peut-être la garderait-il pour venir s'y reposer de temps en temps, loin de l'agitation de la grande ville.

Ils n'avaient jamais envisagé ce scénario, Hal et lui. Son oncle pensait certainement avoir devant lui une bonne quinzaine d'années. Il aurait adoré être grand-père. Si Lianne mettait un jour au monde leur enfant, il regretterait infiniment que Hal ne soit pas là pour le voir. Ou *la* voir. Que ressentirait-il, s'il avait une fille ? Il ne connaissait rien aux enfants, mais il était prêt à apprendre.

Sur ces bonnes résolutions, il se leva, se doucha et mit un pull qu'il laissait toujours dans son ancienne chambre, avec un jean. Puis il quitta la pièce et traversa le couloir sur la pointe des pieds. Devant la porte de la chambre d'amis, il marqua une pause. Tout était silencieux de l'autre côté du battant. Apparemment, Lianne dormait encore. Avait-elle mis la nuit à profit pour réfléchir, ou n'était-ce qu'une tactique pour remettre à plus tard sa fin de non-recevoir ?

Il se passa la main sur le visage. Un « non » engendrerait une situation délicate, il en était conscient. Le retour en voiture se déroulerait dans une atmosphère assez tendue, et leurs rapports professionnels s'en trouveraient altérés, tout du moins dans un premier temps.

Un « oui » aussi serait délicat à gérer, songea-t-il car ils avaient jusqu'ici fonctionné sur un tout autre mode de relation. Cependant, il était convaincu de ne pas s'être trompé en faisant cette proposition à Lianne.

Il était presque 9 heures quand elle apparut à la porte de la cuisine. Dès qu'il avait entendu du bruit provenant de la salle de bains, Tray avait commencé à préparer le petit déjeuner. Avant, il avait joint certains de ses agents en mission, et avait aussi appelé sa secrétaire pour faire le point.

L'heure de se restaurer — et de parler — avait sonné.

— Bonjour, lui dit-il lorsqu'elle entra dans la pièce. Les œufs brouillés seront prêts dans quelques minutes, le café aussi. Si tu préfères du thé…

— Non, ce sera parfait, merci.

Il la regarda s'asseoir à table. Ses cheveux, d'un brun profond, étaient luisants. Pour les avoir touchés, le soir où il l'avait rejointe au cottage de la plage, il savait qu'ils étaient très doux. Il continua de s'affairer en cuisine, afin de résister au désir d'y glisser les doigts. Ses joues étaient légèrement roses, un rose qui n'était pas dû au fard. Il n'y avait en Lianne rien d'artificiel.

Consciente d'être observée, elle leva la tête

et posa sur lui ses yeux d'un bleu intense. S'ils avaient un enfant, hériterait-il de ces prunelles d'azur ?

— Qu'y a-t-il ?

— Rien. J'ai préparé des œufs brouillés avec du jambon. J'espère que tu aimes ça.

— Oui. J'aime surtout un homme capable de cuisiner !

— Comme je crois te l'avoir déjà dit, mes performances en la matière se limitent à commander des pizzas et faire des œufs brouillés ! La plupart du temps, je prends mes repas au restaurant.

Elle sourit.

— J'adore cuisiner. Ma mère cuisine à merveille, et souvent pour de grandes tablées. Elle s'est efforcée de nous transmettre cet héritage.

Tray posa sur la table les œufs brouillés au jambon, ainsi que des toasts et une cafetière pleine. Puis il s'installa en face de Lianne, et ils mangèrent en silence. La dernière bouchée avalée, il remplit de nouveau leurs tasses de café, et croisa les coudes sur la table, dévorant sa compagne du regard. Il brûlait d'impatience.

— Alors, quelle est ta réponse ?

— Avant de me prononcer, je tiens à insister sur deux points très importants pour moi, dit-elle sans détourner le regard. Je ne veux surtout pas risquer de perdre mon emploi à Assistance Plus. Ce que je fais me plaît, et, toute modestie mise à part, je pense être assez compétente.

— Ton poste n'est pas en jeu, Lianne.

— Bien. Autre point : je ne suis pas en mesure de te certifier que je serai enceinte. Si tu espères une réussite à cent pour cent…

Il hocha la tête, l'incitant ainsi à poursuivre. Elle toussota, manifestement mal à l'aise, et but une gorgée de café pour se donner une contenance.

— Je… euh… t'informerai de mon cycle. C'est-à-dire de… de la période où je serai le plus féconde. Et nous pourrions… nous retrouver au cottage à ces dates-là.

— Mmh… Et le reste du temps ?

— Oh, Tray, ne me rends pas la tâche plus difficile qu'elle ne l'est ! lâcha-t-elle.

— Loin de moi cette idée. J'essaie simplement de comprendre.

— Eh bien… le reste du temps… nous mènerons une vie normale. Chacun chez soi.

— Tu voudrais donc que notre relation demeure clandestine ?

— En quelque sorte, lui répondit-elle en repoussant ses cheveux en arrière.

— Pourquoi ?

— Tray, supposons que nos… tentatives n'aboutissent pas ? Ainsi, personne ne serait au courant de ce… de cet accord.

Songeur, il se frotta le menton. Il ne savait trop que penser de cette façon de procéder. Ou plus exactement, il se moquait bien, lui, de ce que pouvaient penser ou dire les gens. Mais peut-être préférait-elle, au cas où elle serait stérile, que cela ne s'ébruite pas ?

— D'accord.

— D'accord ? insista-t-elle.

— Si tu y tiens, ça ne me gêne pas. Mais quand tu seras enceinte, nous en informerons tout le monde.

— Bien sûr ! Je serai tellement contente… Et tu pourras venir voir notre enfant aussi souvent que tu le voudras. Puisque tu as lu cette fameuse liste, tu sais que j'attache une importance capitale au rôle du père.

— Parfait. A moi maintenant d'énoncer ma condition.

— Ah ? fit-elle un peu surprise. Oui, bien sûr… Je t'écoute.

— Avant toute chose, nous allons nous marier.

4.

— Comment ? s'exclama-t-elle, sidérée. Mais… nous ne sommes pas du tout obligés de nous marier ! C'est un père pour mon enfant que je cherche, pas un mari.

— Suite à la mésaventure que je viens de vivre avec Suzanne, je préfère éviter tout risque. Si nous sommes mariés, nous aurons toi et moi les mêmes droits sur l'enfant. Et si nous divorçons après sa naissance, je serai toujours son père.

— Je n'ai certainement pas l'intention de te priver de tes droits. Je souhaite au contraire que le père de mon fils ou de ma fille occupe une place de choix dans sa vie. Et il va de soi que ton nom figurerait sur tous les documents officiels.

La tête penchée de côté, il l'observa quelques secondes en silence.

— Vois-tu, jamais je n'aurais imaginé que Suzanne me joue un tour pareil. Je sais bien que tu es exactement l'opposé d'elle. Tout comme je sais que tu seras une mère parfaite. Et si nous avons un enfant, *je veux faire partie de sa vie*, du premier jour jusqu'au dernier.

Lianne avala sa salive. Elle ne s'attendait pas à entendre Tray tenir de tels propos. Des propos qui la flattaient et la déstabilisaient à la fois, provoquant en elle une foule d'émotions contradictoires.

Après sa visite chez le médecin, elle avait caressé le rêve fou de rencontrer très vite quelqu'un de qui elle s'éprendrait, et avec qui elle ferait un enfant. Accepter la proposition de Tray lui donnait l'impression de sauter sans filet. Car elle prenait conscience de ne pas vraiment le connaître, en dépit de ces cinq années passées à travailler avec lui.

Pourtant, ils n'avaient pas que des relations strictement professionnelles. Il était venu la voir au cottage pour lui offrir son aide. Il lui avait même présenté Mark. Tout était si complexe… Au fond d'elle-même, elle recherchait un homme prêt à tout pour elle. Un homme avec lequel elle bâtirait sa vie, auprès duquel elle vieillirait.

Jamais elle n'avait imaginé épouser un jour Traynor Elliott. L'amour pourrait-il naître entre eux ?

Désorientée, elle finit sa tasse de café d'une traite.

— Tu suggères donc que nous convolions en justes noces, puis que nous ayons un enfant, et pour finir que nous divorcions ?

— Non. Je t'explique simplement que, si tu veux que je sois le père de ton enfant, tu devras m'épouser d'abord.

Suzanne avait fait du beau travail…

— Mais tu ne m'aimes pas, allégua-t-elle.

— Toi non plus. D'ailleurs, sur cette fameuse liste que j'ai trouvée dans ton bureau, le mot « amour » ne figurait nulle part. Je crois en revanche correspondre aux critères que tu as mentionnés.

Elle baissa les paupières. Tray était doté de grandes qualités. Au cours des dix derniers jours, elle avait dîné avec un certain nombre d'inconnus et ne s'était sentie bien avec aucun d'entre eux. Le temps passait à une vitesse folle. Pouvait-elle courir le risque de multiplier ces rencontres, qui jusqu'ici ne lui avaient rien apporté ?

Elle appréciait Tray. Et elle n'avait aucun mal à s'imaginer dans ses bras.

Plantant son regard dans le sien, elle hocha la tête.

— Bon… d'accord.

— Je te promets de faire tout ce qui est en mon pouvoir pour rendre cet enfant heureux, Lianne.

— Il ne devrait pas manquer d'amour…, murmura-t-elle avec un sourire vague.

Elle ne pouvait que regretter que les parents ne soient pas touchés eux aussi par la grâce de l'amour.

Tray tendit alors la main par-dessus la table et la posa sur celle de Lianne, qu'il serra. Il éprouvait un soulagement infini, ce qui témoignait de l'importance que revêtait pour lui cet engagement.

Lianne avait accepté. Il aurait bientôt un enfant. Personne ne pourrait le priver de ce bébé. Il aurait aussi une épouse. Peut-être aurait-il pu éviter de forcer la main à la jeune femme. Mais l'épisode Suzanne l'avait profondément marqué, et il refusait de courir le moindre risque.

Tout se passerait bien. Lianne était dotée d'une nature pragmatique pareille à la sienne, et ils feraient en sorte que tout se déroule pour le mieux.

— Je m'occuperai de tout régler à notre retour à Washington, reprit-il. As-tu une préférence pour un jour ?

— Nous… n'allons en parler à personne pour le moment, n'est-ce pas ?

Elle imaginait la réaction de sa mère. Celle-ci voudrait organiser un grand mariage, avec toute la famille, les amis, les voisins… Il faudrait des mois entiers pour tout mettre sur pied. Or, si son union avec Tray n'aboutissait pas à une grossesse, ils pourraient divorcer sans que quiconque en soit déçu et peiné.

Elle n'imaginait cependant pas épouser Tray sans en avertir sa sœur. Elle savait pouvoir compter sur la discrétion de sa jumelle. Et si elle annonçait plus tard sa grossesse à ses parents, ceux-ci seraient trop contents pour lui reprocher de leur avoir caché son mariage. D'autant que sa mère aurait bien l'occasion d'en organiser d'autres.

— Pas tant que tu ne seras pas enceinte.

— Dans ce cas, n'importe quel jour me conviendra.

De retour à Washington, Tray la conduisit chez elle et insista pour porter son sac jusqu'à la porte de l'immeuble. Lorsqu'elle lui proposa de monter, il refusa.

— Impossible, Lianne. Je dois retrouver un client dont le rendez-vous a déjà été reporté.

Sur ces mots, il la salua d'un petit signe de tête et tourna les talons. Elle le regarda s'éloigner, un peu dépitée. Pas même un baiser sur la joue de celle qui porterait son enfant. Aurait-elle fait un mauvais choix ? Il était un peu tard maintenant pour revenir en arrière.

Une fois chez elle, elle posa son bagage dans l'entrée et décrocha aussitôt le téléphone du salon pour appeler sa jumelle.

— Devine ! lança-t-elle après avoir brièvement salué Anna-Liz.

— Tu as trouvé l'homme de ta vie, et je serai tante dans neuf mois !

Lianne retint son souffle. Et si… elle s'éprenait de Tray ? Il possédait tous les attributs qu'elle recherchait en un père. Serait-il aussi un mari parfait ?

Elle décida de ne pas informer sa sœur des conditions de ce mariage — ou du moins, de ne pas entrer dans les détails —, de crainte que celle-ci ne cherche à la dissuader.

— Je vais me marier… et croiser les doigts pour qu'un bébé ne tarde pas à arriver !

Le silence sur la ligne dura de longues secondes.

— Te… *marier* ? répéta enfin Anna-Liz. Et qui est l'heureux élu ?

— Tray.

Sitôt ce prénom prononcé, Lianne retint son souffle. La réaction de sa sœur fut immédiate.

— Ah, nous y voilà donc ! J'ai toujours pensé qu'il y avait quelque chose entre vous. Que s'est-il passé ? Tous ces rendez-vous avec des hypothétiques prétendants auraient-ils fini par le rendre jaloux ? Aurais-tu compris, de ton côté, qu'ils ne faisaient pas le poids, comparés à ton merveilleux patron ?

Lianne éclata de rire. Elle se sentait toujours si à l'aise, lorsqu'elle parlait avec sa sœur ! Anna-Liz avait l'art et la manière de dédramatiser toute situation.

— En quelque sorte, fit-elle. Et il a lui aussi très envie d'avoir un enfant.

— Que rêver de mieux ? En as-tu parlé à maman ? Elle va être enchantée.

— Non. Et je ne tiens pas à ce que tu lui en parles.

— Ne t'inquiète pas, je ne gâcherai pas l'effet de surprise. Mais j'aimerais être présente quand tu lui annonceras la nouvelle.

— Oh… Ce n'est pas pour tout de suite…

— Quoi donc ? s'enquit Anna-Liz.

— Eh bien... je n'ai pas l'intention d'en parler tout de suite à maman. Ni à qui que ce soit, d'ailleurs.

— Et pourquoi ? insista sa jumelle, étonnée.

Lianne hésita. Allait-elle dire toute la vérité à sa sœur, ou bien lui donner une version édulcorée de sa décision ? Au moment même où cette question lui traversait l'esprit, elle sut qu'il lui était impossible de mentir à Anna-Liz.

— C'est un peu compliqué. Si... je ne suis pas enceinte assez rapidement, nous nous séparerons.

— *Comment* ? Mais ce type est un mufle de la pire espèce ! Comment ose-t-il poser ce genre de condition ?

— Ce n'est pas lui qui l'a posée, mais moi.

— Serais-tu folle, ma pauvre sœur ?

— Ecoute Anna-Liz, rien ne prouve que je puisse connaître les joies d'une grossesse. Selon le Dr Wright, il existerait quand même un risque...

— Aucune femme au monde n'est sûre d'être enceinte, Lianne !

— Soit, mais supposons le pire. Je n'ai pas envie de retenir auprès de moi un homme qui veut absolument un enfant, alors que je ne suis pas en mesure de le lui donner ! Le ferais-tu, toi ?

— Si je l'aimais et qu'il m'aimait, les enfants seraient un plus, pas notre but essentiel.

— C'est en tout cas ce que j'ai décidé, *moi*, et je souhaite que personne ne soit au courant.

— Qu'en pense Tray ?

— Que je serai bientôt enceinte !

— Je salue son optimisme. Vas-tu t'installer chez lui, ou lui chez toi ? Avez-vous fixé la date du mariage ? Et comment penses-tu annoncer ton mariage à nos parents ? Quand ta grossesse sera avérée ?

— Je verrai bien, le moment venu. Le cas échéant, nous ferons une petite fête de famille.

— Bon, je vais passer te voir. Je préfère t'avoir en face pour ce genre de discussion.

Lianne soupira. Elle aimait sa sœur, mais celle-ci était parfois trop fine à son goût.

— D'accord. Je reste à la maison toute la journée. A tout à l'heure.

Autant affronter l'inéluctable. Anna-Liz était une force qu'il ne fallait pas sous-estimer.

*
* *

Il était plus de 21 heures ce soir-là, lorsque Tray appela Lianne. Elle s'était douchée, mise en pyjama, et lisait un roman, confortablement installée dans son fauteuil préféré.

— Tout est prêt pour mardi prochain, lui dit-il. Emily a modifié ton emploi du temps ce jour-là afin que tu sois libre. Est-ce que ça te convient ?

— Très bien. Mardi, donc.

Comme elle prononçait ces mots, elle sentit le sang battre plus vite dans ses veines. Lorsqu'ils seraient mariés, lui proposerait-il une *vraie* nuit de noces, ou attendrait-il qu'elle lui fournisse les dates les plus aptes à la procréation ? Peut-être même coïncidaient-elles... Et peut-être aussi vaudrait-il mieux ne pas s'en tenir à des pratiques aussi restrictives, afin de mettre toutes les chances de leur côté. Le corps humain était quelque chose de si étrange...

— Nous nous marierons à la mairie de Arlington. Les délais d'attente étaient moins longs qu'ici.

— Parfait !

Par chance, elle n'avait jamais rêvé de robe blanche avec traîne, ni de demoiselles d'honneur.

— Avais-tu envisagé un voyage de noces ?

— Pas spécialement, lui répondit-elle, prise au dépourvu. Si tu veux, nous pouvons rejoindre la côte et passer la nuit au cottage.

Cela apporterait un caractère un peu spécial à cette soirée.

— Qu'as-tu fait aujourd'hui, en arrivant chez toi ?

— J'ai appelé ma sœur jumelle, qui est venue me voir aussitôt.

Elle avait réussi tant bien que mal à lui cacher que ce mariage n'était autre qu'un contrat passé entre Tray et elle. Anna-Liz, qui était elle-même si heureuse en ménage, aurait sans doute mal réagi.

— Et ta journée au bureau ? lui demanda-t-elle.

— Très chargée, comme toujours.

Il lui annonça l'arrivée prochaine d'un important homme d'affaires brésilien, et Lianne se remit aussitôt dans le personnage de la collaboratrice. Anna-Liz aurait été horrifiée d'entendre deux futurs mariés parler affaires !

Après avoir raccroché, Lianne appela sa mère afin de s'assurer que le cottage serait libre à la date prévue. Il s'agissait là d'une simple mesure de sécurité, car elle savait que les membres de sa famille évitaient le bord de mer à l'automne. Pas elle. Elle aimait la couleur de l'océan en cette saison, le calme, le silence que ne troublaient que le bruit des vagues déferlant sur le sable, et le cri des mouettes.

— Que je sache, personne n'a prévu d'y aller cette semaine, lui répondit sa mère. Tu envisages de prendre quelques jours de congé, ma chérie ?

— J'irai peut-être y passer quarante-huit heures. J'adore la plage en automne.

— Je préfère pour ma part y aller en été, quand il fait beau et chaud.

— Il n'est pas impossible que le soleil soit au rendez-vous. La météo est plutôt optimiste pour les jours à venir.

— Couvre-toi bien quand même. Ça me surprendrait que la température soit très clémente.

Ce mardi-là en fin d'après-midi, M. et Mme Traynor Elliott roulaient en direction de la côte Est, à bord d'un élégant coupé noir. Le juge qui les avait mariés avait lu d'un ton monocorde le texte rituel, et ils avaient pris pour témoins les employés de mairie présents ce jour-là.

Lianne baissa les yeux sur sa main gauche. L'anneau en or luisait à son annulaire. Ce mariage devant rester secret, elle n'avait pas pensé aux alliances. Elle ne la porterait d'ailleurs pas, cette alliance, par la suite. Ni au bureau, ni chez elle. Aujourd'hui cependant, elle ne voulait cacher à personne qu'elle était mariée.

Elle serra les poings. Peut-être le resterait-elle. Peut-être auraient-ils ensemble cet enfant tellement désiré. Peut-être même que…

— Tu m'entends, Lianne ? Je suppose qu'il vaut mieux nous arrêter en route faire quelques emplettes, n'est-ce pas ?

Plongée dans ses pensées, elle lui avait prêté une oreille distraite.

— Comment ? Oh… Oui, absolument.

Ils firent une halte à l'épicerie de la localité la plus proche, où ils achetèrent quelques produits de base, puis gagnèrent le cottage. Il y faisait froid et humide, et Lianne se hâta d'allumer le chauffage pendant que Tray apportait bagages et sacs de provisions.

— Il n'est que 4 heures, dit-elle avec un regard à sa montre. Un peu tôt pour préparer à dîner ! Pourquoi n'irions-nous pas nous promener sur la plage ?

Bien que la maison soit grande, elle s'y sentait

à l'étroit avec Tray. Elle lui avait désigné la chambre de l'un de ses frères, afin qu'il y pose ses affaires. Cette situation était si particulière…

Si embarrassante, aussi.

— Très bonne idée. Tu auras ainsi l'occasion de me raconter tes vacances ici, avec tous tes frères et sœurs.

Ils marchèrent côte à côte sur la rive, et, ravie de la diversion, Lianne se lança dans le récit de quelques anecdotes amusantes. Tray l'écoutait avec attention et lui posait des questions sur sa famille, sujet pour elle intarissable.

L'air commença à fraîchir tandis que le soleil déclinait à l'horizon, et ils retournèrent au cottage. Il était temps maintenant de préparer le dîner, ce dont elle se réjouit. Cela l'occupait et l'empêchait de s'interroger sur la pertinence de cette union. Ils avaient passé ensemble un nombre d'heures incalculable, et voilà qu'elle se sentait gênée en sa présence !

Les circonstances n'étaient certes pas tout à fait les mêmes.

— As-tu besoin d'aide ? lui demanda-t-il en la rejoignant dans la grande cuisine.

— J'ai prévu des spaghettis bolognaise, donc tu peux te charger du pain aillé, ou bien de la salade, ou bien des pâtes. La sauce n'a pas de secrets pour moi ! conclut-elle d'un ton enjoué destiné à masquer sa nervosité.

— Parfait. Je m'occupe du pain.

Quelques instants plus tard, ils s'affairaient de concert aux préparatifs du dîner.

— Je croyais que tes talents culinaires se limitaient aux œufs brouillés et à la commande de pizzas, railla-t-elle gentiment.

— Disons que j'ai des connaissances de base, que je tiens de mon oncle. Toute sa vie, Hal s'est efforcé de m'enseigner les principes élémentaires dans une foule de domaines. Et soyons honnêtes : n'importe quel idiot est capable de préparer des toasts !

— Mon frère Sean en est incapable, lui. A moins qu'il ne prétende en être incapable, pour fuir toute tâche ménagère ! Ça ne m'étonnerait pas de lui.

— Sean est plus jeune ou plus âgé que toi ?

— Plus âgé de deux ans. Et il a lui aussi un jumeau : Declan. Comme si cela ne suffisait pas, nous sommes arrivées peu de temps après, Anna-Liz et moi !

Il se tourna vers elle, et haussa un sourcil amusé.

— Combien êtes-vous, au juste ? J'avoue que je m'y perds un peu…

— Il y a de quoi. Nous sommes onze !

— *Onze* ? répéta-t-il, médusé. Dieu du ciel !

Elle éclata de rire.

— Ça doit te paraître complètement fou. Toi qui es fils unique et qui as été élevé par un oncle… Je te rassure, ça choque la plupart des gens. Il y a très peu de familles nombreuses, de nos jours. Mais nos parents nous aiment tous, et j'ai du mal à imaginer une vie sans tous ces frères et sœurs.

— Je comprends mieux pourquoi cette maison est si grande.

— En plein cœur de l'été, elle est pleine à craquer !

Il s'interrompit pour se tourner vers Lianne et la dévisager.

— Si ce problème n'avait pas surgi, aurais-tu désiré être toi aussi à la tête d'une famille nombreuse ?

— Pas aussi nombreuse que la mienne. J'ai toujours souhaité avoir des enfants, mais je voulais d'abord asseoir ma carrière. Ça restait assez vague dans mon esprit. Maintenant, je pourrai m'estimer heureuse si j'en ai un seul…

— Peut-être auras-tu des jumeaux ? fit-il en plaçant les tartines de pain aillé dans le four.

— Peut-être. Je veux bien que tu mettes de l'eau à bouillir pour les pâtes, maintenant.

La sensation de gêne se dissipait tandis qu'ils préparaient ensemble le repas.

— Et toi ? Combien d'enfants envisageais-tu d'avoir un jour ?

— Je n'y ai jamais trop réfléchi. Deux, je pense. Mon oncle me répétait souvent que je devais faire des enfants, ne pas rester toute ma vie célibataire, comme lui.

— Te voilà marié…, murmura-t-elle.

Mariée, elle l'était elle aussi !

Comme elle faisait revenir la viande dans une poêle, la lumière de la hotte se refléta sur son alliance. Elle redressa les épaules. Cette union ne reposait certes pas sur des bases classiques, mais nul ne lui avait forcé la main. Elle devait se ressaisir.

Le dîner se déroula dans une atmosphère assez détendue. Elle posa le couvert dans le petit salon, plus intime que la cuisine et, lui sembla-t-il, plus adapté à un premier soir de mariage. Si tout se déroulait comme ils l'espéraient, elle tenait à garder un bon souvenir de cette soirée.

Pendant tout le repas, ils parlèrent de leurs clients les plus importants et des missions en cours dans d'autres pays. Il était presque 10 heures quand Lianne regarda sa montre et se leva d'un bond.

— Il se fait tard. Je vais ranger tout ça et aller me coucher.

— Je vais t'aider. Mais je dois te dire que je ne me couche jamais aussi tôt. Toi oui ?

Elle acquiesça.

— Je me lève tôt pour courir, donc j'évite de me coucher tard.

— Je cours moi aussi. J'imagine que la plage est parfaite, pour le jogging.

— Pas en été, passé une certaine heure : il y fait trop chaud. Mais le sable mouillé représente en effet une piste hors pair, et je prends beaucoup de plaisir à courir en bordure de mer à cette période de l'année. Veux-tu m'accompagner demain matin ?

— Avec plaisir.

Il se leva à son tour et, ensemble, ils remirent tout en ordre. Au moment de monter dans sa chambre, Lianne hésita. Devait-elle embrasser Tray sur la joue pour lui souhaiter bonne nuit ? Il faudrait bien qu'il y ait entre eux, à un moment ou un autre, un contact physique. Et le plus tôt serait le mieux.

— Si je dors quand tu te lèveras, n'hésite pas à me réveiller, lui dit-il alors, mettant ainsi fin à son dilemme.

Lianne se tourna une fois de plus dans son lit. La jolie chemise de nuit de soie et dentelle rose pâle apportée pour l'occasion était toujours pliée dans son sac. Elle avait revêtu un pyjama en tissu-éponge marine, chaud et confortable, dans lequel elle dormait toujours quand elle venait au cottage en hiver. Rien de très suggestif, elle en convenait. Elle doutait fort que la dénommée Suzanne soit une adepte de ce genre de tenue !

Sans même s'en apercevoir, elle sombra dans le sommeil. Lorsqu'elle se réveilla, elle constata qu'il était minuit. Elle n'avait pas beaucoup dormi. Le bruit assourdi des vagues arrivait jusqu'à elle.

Elle hésita quelques secondes, puis décida de se lever pour vérifier si Tray était allé se coucher ou pas. Dès qu'elle fut dans le couloir, elle remarqua que la lumière était allumée dans le salon, et descendit l'escalier.

Elle le trouva assis sur le canapé, son ordinateur portable sur les genoux. Lorsqu'elle entra dans la pièce, il leva les yeux vers elle.

— J'espère ne pas t'avoir réveillée.

— Je ne pense pas. Je me suis réveillée toute seule. Que fais-tu ? Il est tard…

— Je sais, mais j'aime travailler à cette heure. Rien ne vient me distraire. Je lisais les rapports de nos agents en mission.

Sans mot dire, Lianne s'assit à côté de lui et se pencha pour lire ce qu'affichait l'écran lumineux.

— C'est celui de Steve Carrington. Tu le trouveras sur ton bureau à notre retour, pour que tu l'étudies.

— Mm…, fit-elle, les sourcils froncés. Il a l'air inquiet. Bizarre. Steve n'est pas d'un naturel soucieux.

Bien que concentrée sur le rapport, elle sentait la chaleur du corps de Tray contre le sien. Une sensation douce, agréable. Troublante. Elle cligna des paupières, s'efforçant de rester concentrée sur l'écran.

Il tendit la main pour souligner une ligne du rapport, et dans ce geste frôla son bras. Une lampe basse diffusait une lumière dorée dans la pièce. Comment réagirait-elle, s'il lui passait le bras autour des épaules et l'attirait contre lui ? S'il l'embrassait ?

— Qu'en penses-tu ?

« Je veux bien », voulut-elle lui répondre. Mais il lui parlait du rapport de Steve, et non de leur relation.

Habituée comme elle l'était à réagir face à ce type de situation, elle se ressaisit sur-le-champ.

— Il faudrait bien sûr examiner ces données de plus près, mais Steve est doté d'un instinct très puissant.

— C'est ce que je pense aussi. Je voudrais que tu t'occupes rapidement de cette affaire.

Il finissait à peine sa phrase que son téléphone portable sonna.

— Elliott à l'appareil, j'écoute.

Lianne ne cessa de l'observer pendant qu'il écoutait. Tray avait coutume de contrôler ses réactions, mais elle remarqua qu'il plissait légèrement les yeux, et serrait les mâchoires.

— Calmez-vous, dit-il au bout de quelques instants.

Qui pouvait appeler si tard, et que se passait-il pour qu'il enjoigne son interlocuteur au calme ?

— Où est Peterson ?

Jim Peterson et Shelley Harris avaient été envoyés en mission ensemble pour surveiller deux jeunes personnes, filles d'un diplomate des Nations unies en visite à Washington. Embauchée depuis peu, Shelley s'était vu confier cette mission avec Jim, car elle était le seul agent de sexe féminin disponible. Un imprévu avait dû surgir pour qu'elle appelle Tray à une heure aussi tardive.

— Je ne suis pas chez moi. Il me faudra deux heures pour arriver sur les lieux. Je pars tout de suite. Retrouvez Peterson et lancez-vous à la recherche de ces deux gamines !

Il coupa la communication et arrêta l'ordinateur, tout en exposant les faits à Lianne.

— Il semblerait que les demoiselles sous surveillance aient décidé de faire ce soir la tournée des bars et boîtes de nuit en vogue ! Chaque fois que la situation devenait critique, Tim ou Shelley se manifestaient, ce qu'elles ont eu l'air de peu apprécier. Sous le prétexte de devoir faire une retouche de maquillage, ces gamines infernales ont fini par disparaître. Shelley a fouillé l'établissement de fond en comble, ainsi que les abords les plus proches, sans les trouver. Il faut que je retourne à Washington.

— Je serai prête dans une seconde. Si tu me

déposes chez moi à l'arrivée, je peux très bien faire le trajet en pyjama, ça évitera de perdre du temps.

Il ne lui fallut pas plus de cinq minutes pour récupérer ses affaires et se chausser. Tray l'attendait déjà devant la porte. Bientôt ils arrivaient sur l'autoroute, déserte à cette heure, et il appuyait sur l'accélérateur sans toutefois dépasser la vitesse autorisée.

Dans le véhicule plongé dans l'obscurité, Lianne enleva son alliance et la garda quelques minutes serrée dans sa main avant de la glisser dans son sac. Ils avaient repris leur mode de fonctionnement habituel, celui d'un chef d'entreprise et de sa collaboratrice.

Elle n'était pas déçue. Pas trop, du moins.

Il était plus de 3 heures du matin lorsque Tray se gara devant l'immeuble où elle habitait. Il insista pour la raccompagner jusqu'à la porte de son appartement. Dès qu'elle l'eut ouverte, il posa ses affaires à l'intérieur.

— Je me serais bien passé de cette urgence, fit-il en soupirant.

— J'imagine. Mais il faut que tu y ailles, ils ont besoin de toi.

Il grimaça et hésita quelques secondes avant d'ajouter :

— On ne peut pas dire que ce soit idéal, comme journée de mariage… Si tu es enceinte, nous organiserons une fête avec toute ta famille.

— Ne t'inquiète pas, tout va bien.

— Non.

Il l'attira alors contre lui et l'embrassa.

5.

Serrée contre ce torse puissant, Lianne fut assaillie par une myriade de sensations grisantes. Sensations qu'elle n'avait jamais éprouvées jusque-là. Elle ne gardait pas non plus le souvenir d'avoir embrassé un homme avec une telle fougue. Ni d'avoir eu une telle envie de prolonger une étreinte.

Ce fut d'ailleurs Tray qui y mit fin. Et à contrecœur, de toute évidence.

— Il faut que j'y aille, maintenant, dit-il d'une voix tendue.

Elle hocha la tête, regrettant qu'il n'ait pas cherché à l'embrasser lorsqu'ils étaient arrivés au cottage. La nuit se serait déroulée tout autrement…

— Pars retrouver ces jeunes filles, et présente aux parents une facture avec une hausse de vingt pour cent, pour les punir d'avoir si mal élevé leurs filles.

— Voilà une méthode que je ne connaissais pas ! s'exclama-t-il, amusé.

Elle s'écarta de lui.

— Je serai au bureau demain à l'heure habituelle.

— Parfait, fit-il avant de se pencher vers elle pour effleurer ses lèvres d'un baiser.

Puis il tourna les talons et descendit l'escalier à vive allure. Lorsqu'elle eut refermé la porte, Lianne s'adossa au battant et sourit. Elle sentait la vie bouillonner en elle. En ce moment précis, elle aurait pu déplacer des montagnes !

Elle fut sur le point d'appeler sa sœur pour lui demander si elle avait ressenti la même chose le jour où Dominic l'avait embrassée pour la première fois. Elle en était sûre. Et elle avait hâte de renouveler l'expérience !

Cette union se révélerait peut-être plus prometteuse qu'elle ne l'avait imaginé…

Elle devait cependant se montrer prudente. Pour Tray, ce mariage n'était qu'un pont destiné à accéder à la paternité. Pour elle aussi, d'ailleurs.

Si ce n'est que ce baiser avait modifié la donne.

***

Quelques heures plus tard, Lianne passait non sans une certaine appréhension le seuil d'Assistance Plus. Feindre que rien n'avait changé dans sa vie depuis qu'elle avait quitté ces locaux ne se montrait pas si facile…

Elle apprit par Emily que Tray était absent. Il avait été appelé pour une urgence dans la nuit et se trouvait toujours sur le terrain. Elle se garda évidemment bien de préciser qu'elle était au courant de cette urgence, et chargea simplement Emily de lui dire qu'elle souhaitait le voir lorsqu'il serait de retour.

Se replonger dans le travail quotidien ne fut pas facile dans un premier temps, mais aux alentours de 10 heures, elle avait déjà relégué leur ardent baiser dans un coin de sa mémoire, pour concentrer son attention sur les nouvelles préoccupantes qui lui arrivaient d'Europe de l'Est, où se trouvait Steve Carrington. Apparemment, la situation y était très tendue et sur le point d'exploser.

Elle essaya à plusieurs reprises de joindre Steve, sans aucun succès. A midi, il finit par la rappeler et la rassurer sur le déroulement de la mission qui lui avait été confiée. Elle restait cependant toujours sans nouvelles de Tray.

***

L'après-midi touchait à sa fin lorsque Tray chargea Emily d'appeler Lianne pour lui demander de le rejoindre dans son bureau. Il avait eu une journée très difficile, et pour la première fois depuis de longues heures, avait l'impression de pouvoir enfin souffler. Lorsqu'il reconnut la voix de Lianne de l'autre côté de la porte, il s'en approcha, et entendit donc les mises en garde de sa secrétaire.

— Il est très en retard sur son emploi du temps, donc, si tu peux éviter de t'attarder plus que nécessaire, Lianne…

Elle acquiesça, et entra dans le bureau de Tray. Il l'attendait derrière la porte, et la referma en silence avant de prendre la jeune femme dans ses bras. Il attendait ce moment depuis des heures, et le savoura avant de chercher ses lèvres. Gênée par les dossiers qu'elle portait, Lianne ne put se serrer contre lui autant qu'elle l'aurait voulu, mais répondit avec ardeur à son baiser.

Lorsqu'ils se séparèrent, ils étaient tous deux à bout de souffle.

— Voilà donc ce que signifie être marié au grand patron ? lança-t-elle avec un petit sourire effronté.

— Quelquefois… Que m'apportes-tu ?

— Le dossier Carrington.

— Alors ? fit-il, fronçant les sourcils.

— Tout est rentré dans l'ordre. Il semblerait que nous ayons sous-estimé les forces de ces rebelles, mais il a jusqu'ici réussi à déjouer leur plan, et notre client est en sécurité.

Comme elle posait le dossier sur son bureau, il lui sourit et lui caressa la joue.

— Merci, Lianne. Je savais pouvoir compter sur toi.

— Et quelles sont les nouvelles des demoiselles en goguette ?

— Nous avons fini par les retrouver après de longues recherches, dans un bar qui reste ouvert toute la nuit. Elles étaient entourées d'une faune assez particulière, et ma foi, n'ont pas eu l'air mécontentes de nous voir ! M'est avis que Shelley les aurait giflées avec plaisir, mais elle a réussi à se maîtriser ! Nous les avons donc ramenées à l'hôtel où loge la famille, avec un rapport complet aux parents. Je pense qu'elles devraient se tenir tranquilles jusqu'à la fin de leur séjour. Et ensuite, j'ai passé la journée à courir de rendez-vous en rendez-vous…

Si elle continuait à le regarder de la sorte, avec cette petite flamme au fond des yeux, il annulerait tout pour partir sur-le-champ avec elle, l'emmener dans un endroit où ils seraient seuls.

— Tant mieux. Tout est bien qui finit bien, donc ! Je vais te laisser, maintenant. Je voulais simplement te rassurer au sujet de Steve.

— Es-tu libre ce soir ? lança-t-il, comme elle s'apprêtait à quitter la pièce.

Elle cligna des paupières.

— Oui.

— Veux-tu dîner avec moi ?

— Dîner ?

— Oui, *dîner*. Pour un couple marié, il n'y a là rien d'extraordinaire, me semble-t-il !

— Pour un couple *vraiment* marié…

— Nous le sommes, Lianne.

— Je voulais dire… de façon conventionnelle, précisa-t-elle. Mais là n'est pas la question. J'accepte avec plaisir ton invitation. Où veux-tu que nous nous retrouvions ?

— Je passerai te chercher vers 19 heures. Je souhaiterais d'abord faire une halte chez moi pour me doucher et me changer.

Elle remarqua alors qu'il avait les traits tirés, les yeux cernés.

— Tu es fatigué, Tray. Inutile de chercher à le nier, je le sais, et qui plus est ça se voit. Je peux très bien préparer un repas léger chez moi, et tu rentreras ensuite te reposer. Ou mieux encore : j'apporterai le repas chez toi, ce qui te permettra de te coucher sitôt la dernière bouchée avalée.

Tray salua ces propositions d'un éclat de rire.

— Tu feras une mère parfaite ! Tout va bien, Lianne, je ne suis pas encore à l'agonie. Mais j'accepte avec plaisir ta proposition. A une condition, toutefois : que nous dînions chez toi. Ça t'évitera toutes ces allées et venues en voiture. Et… merci, conclut-il avec un sourire qui la fit fondre.

Il était 19 heures passées de quelques minutes lorsque Tray sonna à la porte de la jeune femme. Après s'être douché et changé, il se sentait beaucoup plus alerte. Il fut un temps où il pouvait passer trois nuits d'affilée sans dormir, pour raisons professionnelles. Apparemment, ce temps-là était révolu. Le fait de se doucher et de se changer lui avait été très bénéfique.

Lianne l'accueillit avec le sourire et le fit passer dans le salon, où elle lui servit un verre de vin.

— Je n'en ai pas pour longtemps, lui dit-elle. Le dîner est presque prêt.

— As-tu besoin d'aide ?

— Non, merci. Repose-toi, tu as encore l'air fatigué.

Lui qui croyait que le jet puissant de la douche avait opéré des miracles…

Debout dans le salon, son verre de vin à la main, il balaya du regard les livres alignés sur des rayonnages de bois. Lianne aimait apparemment les romans, avec une préférence pour les intrigues policières.

Il était sur le point de reprendre place sur le canapé, lorsque la voix féminine retentit.

— Nous pouvons passer à table.

Elle vint le chercher dans le salon pour le guider vers une pièce adjacente, de dimensions plus réduites, qui faisait office de salle à manger. Le couvert était déjà posé et il s'installa, appréciant le goût raffiné avec lequel elle avait décoré son appartement. Il y avait un mélange de tons ocres, d'étoffes et de bois, qui rendaient ce lieu particulièrement chaleureux.

Lianne avait préparé une viande blanche rôtie accompagnée de légumes, qu'ils dégustèrent tout en parlant des divers événements de la journée.

Lorsqu'elle apporta le dessert, une salade de fruits tropicaux, Tray la félicita pour ses talents culinaires, puis regarda autour de lui.

— Tu habites cet appartement depuis longtemps ?

— Depuis que j'ai commencé à travailler pour toi. Le salaire que tu me versais à mes débuts m'a permis de quitter mon petit deux pièces pour choisir plus grand.

— Celui que tu perçois aujourd'hui te permettrait de choisir plus grand encore.

Elle haussa les épaules.

— Cette surface me convient très bien. Et puis, j'économise. J'aurai peut-être besoin d'argent, si j'ai un enfant.

— Pourquoi ?

— Qui sait… Je prendrai peut-être un congé pour m'occuper du bébé pendant la première année. Et comme je n'aurai plus de salaire, ces économies me seront bien utiles.

— Si tu décidais de te consacrer à l'enfant, il va de soi que je t'apporterais une aide financière.

— Si je me suis mariée, ce n'est certainement pas dans ce but, Tray !

Il haussa les épaules et but une gorgée de vin.

— Très bon, ce vin chilien… En ce qui concerne l'enfant, nous déciderons ensemble, le moment venu, de la solution la plus judicieuse. Mais parle-moi de ta famille.

— Encore ? fit-elle avec un sourire amusé. Que voudrais-tu savoir ?

— Quelle est ta relation avec ta jumelle ?

— Très proche. Mais je crois être très proche aussi de mes autres frères et sœurs. D'une façon différente, cependant. Pourquoi me poses-tu la question ? Tu aimerais avoir des jumeaux ?

— Ma foi… Compte tenu de la situation, ce serait peut-être la solution rêvée.

Les contours de l'avenir se firent soudain plus précis. Lianne serait-elle aussi resplendissante que l'étaient la plupart des femmes enceintes ? Il verrait son corps se métamorphoser. Le jour de la naissance serait le plus beau jour de sa vie ! De *leur* vie.

Réussiraient-ils à faire cet enfant ? *Ces* enfants, s'ils avaient des jumeaux ? Il avait entendu dire que ce caractère héréditaire sautait parfois une génération. Leurs petits-enfants seraient peut-être jumeaux.

Leurs petits-enfants.

Il s'immobilisa et dévisagea la jeune femme. Seraient-ils encore mariés, à ce moment-là ? Les liens qui les unissaient à présent se seraient-ils développés, transformés en un sentiment plus fort ?

Lianne le fixait elle aussi, le regard interrogateur. Il lâcha un soupir à peine perceptible et finit en quelques cuillerées sa coupe de salade de fruits.

— Le repas était délicieux, Lianne. Merci beaucoup.

— Penses-tu à l'avenir ? lança-t-elle sans ambages.

Elle se demandait s'il était aussi dérouté qu'elle l'était elle-même par le cours des événements.

— Je m'efforce de le planifier du mieux possible.

— Je ne parlais pas de ton avenir professionnel, mais de… l'éventuelle arrivée d'un bébé. Il grandira, et fera de nous un jour des grands-parents. Y as-tu songé ?

Il esquissa un sourire. A croire qu'elle était dotée de pouvoirs extralucides !

— J'avoue que l'idée m'a traversé l'esprit…

— Et ?

— Je ne saisis pas bien le sens de ta question.

— Comme tu le sais, je suis très attachée à ma famille, et j'aimerais reproduire ce schéma. A plus petite échelle, bien sûr ! Je trouve important de partager les bons moments, de forger des souvenirs, et surtout de faire toujours preuve de loyauté les uns envers les autres.

Tray hocha la tête avec lenteur. Il ne demandait qu'à faire partie de ce tableau.

— Mais… je vais peut-être un peu vite en besogne. Cet enfant n'est pas encore né que je pense déjà aux enfants qu'il aura !

Elle se leva en riant, et proposa à Tray de retourner dans le salon pour prendre le café. Il s'exécuta non sans l'avoir aidée à débarrasser, et elle prépara un plateau avec du café et un assortiment de chocolats. Lorsqu'elle revint dans le salon avec le plateau, elle s'arrêta net à l'entrée de la pièce. Allongé sur le canapé, Tray dormait à poings fermés.

Elle posa le plateau sur la table basse, et s'assit dans un fauteuil.

— Tray ?

Aucune réponse.

Avec un soupir, elle se servit une tasse de café et laissa un chocolat à l'orange fondre dans sa bouche tout en regardant dormir l'homme qui, depuis deux jours, était son mari. Devait-elle le réveiller pour qu'il rentre chez lui, ou le laisser prendre un repos bien mérité ? Elle opta pour la deuxième solution, et, après avoir rapporté le plateau en cuisine, sortit un plaid de l'armoire et en couvrit Tray.

La nuit précédente avait été courte pour elle aussi, et elle ne fut pas longue à s'endormir à son tour.

Le lendemain matin, Lianne s'apprêtait à sortir de la salle de bains quand elle entendit sonner à sa porte. Elle se précipita vers le couloir pour éviter que la sonnerie ne réveille Tray, mais celui-ci l'avait devancée. Elle le vit ouvrir à Anna-Liz.

— Oh…, fit celle-ci en fronçant le nez. J'espère ne pas vous avoir réveillés…

— Du tout.

Le sourire aux lèvres, il s'effaça pour la laisser passer.

— Bonjour, Anna-Liz, dit Lianne, en avançant vers sa sœur pour planter sur sa joue un baiser sonore. Tu es bien matinale !

Elle décocha à Tray un bref regard inquiet. Comment allait-elle présenter la situation à sa jumelle ?

— J'ai un petit déjeuner d'affaires tout près d'ici, et je me suis dit que j'allais passer te faire un petit coucou et m'assurer que tout allait bien. Ce qui est apparemment le cas…, conclut-elle avec un grand sourire.

Ce fut Tray qui se chargea de lui répondre.

— En effet, dit-il en refermant la porte.

Et il avança vers Lianne pour lui poser la main sur le cou. Le contact de ces doigts sur sa peau la fit frissonner.

Elle s'éclaircit la voix.

— Nous n'avons pas encore pris le petit déjeuner. Que dirais-tu d'un café ou d'un thé ?

Pourquoi Tray s'était-il approché d'elle, et lui massait-il le cou ? Elle lui avait rapporté l'essentiel de sa conversation avec Anna-Liz. Sa sœur savait que leur mariage ne durerait que s'il y avait une grossesse à la clé. Il n'était donc pas obligé de se livrer à ce petit jeu.

Et elle n'était pas obligée, elle, d'être aussi sensible à ses caresses.

— J'accepte avec plaisir une petite tasse de café, dit Anna-Liz en posant son sac sur un guéridon.

Tray inclina la tête vers Lianne, et lui effleura la tempe d'un baiser.

— Je m'en occupe pendant que tu t'habilles.

Elle mit quelques secondes à réagir, alors qu'il se dirigeait tout naturellement vers la cuisine, prêt à prendre la direction des opérations.

Soudain consciente du regard inquisiteur que posait sa sœur sur elle, elle sourit et s'empressa de regagner sa chambre. La situation commençait à lui échapper, ce qui n'était pas pour lui plaire.

Et pourquoi Tray se comportait-il ainsi avec elle ?

Lorsqu'elle ressortit de la chambre, Anna-Liz et Tray prenaient le café dans le salon. Le plaid avait mystérieusement disparu. Elle soupçonnait Tray d'avoir profité d'un moment d'inattention de sa jumelle pour le cacher quelque part.

Par chance, celle-ci, qui était pressée, quitta bientôt les lieux. Et Lianne fut soulagée de la voir partir, en dépit de tout l'amour qu'elle lui portait. La situation était déjà bien assez complexe. Si elle devait en plus jouer un rôle — lequel d'ailleurs ? — devant sa sœur…

— Anna-Liz est bizarre avec moi, déclara Tray lorsqu'ils se retrouvèrent en tête à tête. J'ai l'impression qu'elle m'observe… et qu'elle te surprotège.

Lianne se servit une autre tasse de café.

— Je ne lui ai pas caché que nous nous séparerions s'il m'était impossible de concevoir un enfant. Et elle en est en quelque sorte horrifiée... parce qu'elle pense que nous... sommes attachés l'un à l'autre, finit-elle en évitant son regard.

— Ce qui est le cas, me semble-t-il. Tu n'es pas de cet avis ?

Elle hésita puis haussa une épaule.

— Peut-être. Je lui ai servi une version un peu édulcorée de la réalité. Si je lui avais dépeint la stricte vérité, je pense qu'elle ne s'en serait pas remise !

Il la fixa, impassible, puis hocha la tête et prit sa veste.

— Veux-tu que nous nous arrêtions prendre le petit déjeuner en allant au bureau ?

Une façon comme une autre de mettre fin à cette conversation. Ils allaient donc en rester là.

— Tu n'envisages pas de passer chez toi pour te changer ?

Elle avait hâte à présent de se retrouver seule, pour mettre un peu d'ordre dans ses idées. Tray n'avait manifestement aucun mal à passer d'un rôle à l'autre. Après avoir joué les tendres époux devant Anna-Liz, il reprenait son habit de chef d'entreprise. Elle ne pouvait pas, elle, faire de même.

— Si. Mais j'envisage aussi de me nourrir !

— Pour ma part, je préfère acheter une viennoiserie en bas de l'immeuble. J'ai beaucoup de travail aujourd'hui.

Elle allait prendre son sac quand il la retint par le poignet.

— Lianne, je suis désolé de m'être endormi hier soir. Ce n'était pas mon intention en arrivant.

— Rien de bien grave. Tu étais épuisé.

Ils gardèrent le silence pendant quelques instants, puis il accentua la pression de ses doigts sur son poignet.

— Je pense qu'il faudrait que nous partions en voyage de noces, dit-il alors.

— *Comment* ?

Elle n'aurait pas réagi autrement s'il lui avait proposé une excursion sur la lune. Aurait-il perdu la tête ?

— Lianne, nous ne nous connaissons pas en dehors d'un contexte professionnel. Dans ces conditions, je ne vois pas bien comment nous pourrions donner l'apparence d'un couple.

Jamais je n'enverrais un agent en mission sans l'avoir briefé auparavant. Or nous ne l'avons été ni toi ni moi.

Bien sûr, présenté de la sorte… Malheureusement, les mots « voyage de noces » éveillaient en elle de tout autres images, beaucoup moins sages et raisonnables. Ils évoquaient le partage d'une chambre, d'un lit, de folles étreintes…

— Et si… nous dressions une liste de ce qui nous plaît, ce qui nous déplaît, ce que…

— Non, l'interrompit-il. Ce n'est pas suffisant, tu le sais bien. Je suggère plutôt que nous passions le week-end ensemble.

— Euh…

Elle ne le fuyait pas, mais sa proximité la rendait nerveuse. Pourtant, il faudrait bien qu'ils se rapprochent, s'ils désiraient procréer !

Conscient de ses hésitations, il ajouta :

— Considère cela comme une mission.

— Je ne suis pas agent mais analyste, Tray.

— Tu t'es pourtant engagée à accomplir celle-ci…

Le jeudi passa à toute allure. Le vendredi après-midi, Tray appela Lianne à son bureau.

Elle l'avait vu plusieurs fois passer dans les couloirs, et s'était plus ou moins attendue à ce qu'il l'invite à déjeuner ou à dîner, mais il n'en avait rien fait. A en croire Emily, il avait un emploi du temps très chargé et ne savait plus où donner de la tête.

Elle fut donc surprise de reconnaître sa voix, lorsqu'elle décrocha.

— Je passerai te chercher vers 18 heures. Tu préfères dîner en ville ou plutôt sur la route ?

— Tu veux toujours y aller ?

Avant de se quitter, la veille au matin, ils avaient décidé de retourner au cottage.

— Oui. Je veux absolument que nous passions le week-end ensemble.

Réprimant un soupir, elle se laissa aller contre le dossier de son siège.

— D'accord. Je serai prête à 18 heures. Et je propose que nous nous arrêtions dîner chez Katia, c'est à mi-chemin entre Washington et le cottage.

— Très bien. A plus tard.

A 18 heures, Lianne s'était changée trois fois, et la moitié de sa garde-robe était étalée dans sa chambre. Elle avait eu un mal fou à s'habiller et à choisir des tenues pour le week-end. Chaque membre de la famille avait au cottage sa propre armoire avec quelques tenues décontractées, mais aucune ne correspondait à ce qu'elle avait envie de porter en compagnie de Tray.

Elle préférait ne pas trop s'interroger sur le motif de cet intérêt accentué pour son apparence. Elle était certes plutôt coquette, d'habitude, mais ne gardait pas le souvenir d'avoir apporté un tel soin à sa mise.

Lorsque la sonnerie de l'Interphone retentit, elle était prête à descendre. Tray l'enveloppa d'un regard appréciateur mais ne fit aucun commentaire, et rangea son sac dans le coffre.

Ils parlèrent peu durant le trajet. Le restaurant était bondé en ce vendredi soir, et le repas dura donc plus longtemps que prévu. Lorsqu'ils arrivèrent au cottage, il était plus de 23 heures. Le vent soufflait de l'océan, balayant les rues désertes de Baden Harbor. Seules quelques fenêtres étaient éclairées.

— Apparemment, peu de gens vivent ici à l'année, observa Tray.

— La plupart de ces maisons sont des résidences d'été. Ce qui fait de cette station un lieu idéal pour se reposer, une fois les beaux jours passés. J'adore disposer de la plage pour moi seule !

— Et moi alors ? protesta-t-il, ironique.

— Je suis prête à partager !

Comme la fois précédente, elle s'empressa d'allumer le chauffage. Puis, debout au milieu du salon, elle regarda autour d'elle. Le cottage, qui avait vu défiler des ribambelles d'enfants de plusieurs générations, était meublé de bric et de broc. Elle se demanda si Tray était sensible au charme de ce lieu chargé d'histoire, de souvenirs, ou s'il n'y voyait qu'une maison de vacances comme tant d'autres.

— Je m'installe dans la même chambre que la dernière fois ?

Elle acquiesça en silence, soulagée qu'il n'ait plus fait la moindre allusion à leur « voyage de noces ».

— Je vais me préparer une infusion. Ça te tente ?

— Si tu en fais, j'en prendrai avec plaisir après avoir monté nos bagages dans les chambres.

Lorsqu'elle remplit les deux tasses de camomille, la maison avait commencé à se réchauffer et elle enleva sa veste. Tray, qui l'avait rejointe dans la cuisine, s'assit à la grande table.

— Je n'ai pas vu ton ordinateur portable, observa-t-elle.

— Normal. Je ne l'ai pas pris. Mais tu me fais penser à quelque chose…

Il sortit son téléphone portable de la poche de son pantalon, l'éteignit et le posa sur le bar.

— Nous ne serons pas interrompus, cette fois.

Lianne le dévisagea, stupéfaite. Tray restait toujours joignable, d'une façon ou de l'autre, pour motifs professionnels.

— Supposons que quelqu'un ait besoin de toi ?

— Je serai de retour au bureau lundi matin. Ça attendra jusque-là.

Tray sucra sa tisane et sourit à Lianne, qui ne s'était pas départie de son air sidéré. Il ne mentait pas, lorsqu'il avait affirmé vouloir mieux la connaître. D'ailleurs, cet après-midi-là, il avait même revu sa fiche de données personnelles : de brillantes études à l'université de Georgetown, avant de rejoindre l'équipe, alors réduite, d'Assistance Plus. Depuis lors, il avait eu à maintes reprises l'occasion d'apprécier son sérieux, son esprit d'initiative, et son extraordinaire capacité à juger d'une situation en un minimum de temps. Ces attributs avaient fait d'elle la plus précieuse de ses analystes, et une collaboratrice dont il avait du mal à se passer.

Mais il ignorait par exemple quelle était sa couleur préférée, ou ses principes d'éducation, ou le prénom qu'elle aimait le plus.

Il la regarda porter sa tasse à ses lèvres, et son sourire s'élargit.

Il ne connaissait pas non plus le grain de sa peau. Il ne savait pas si, après l'amour, elle s'endormait tout de suite ou pas. Si elle se blottirait contre lui, ou voudrait avoir de l'espace.

Ce week-end-là devrait apporter des réponses à toutes ces questions.

6.

Après une bonne nuit de sommeil, ils coururent côté à côte sur la plage, humant à pleins poumons l'air vivifiant de l'océan, puis rentrèrent se doucher. Jamais Tray ne s'était senti en aussi parfaite harmonie avec une femme. Tandis qu'il se séchait, il eut l'impression de voir son oncle lui sourire. Hal aurait aimé Lianne, il en était certain. Elle possédait ce naturel, cette simplicité dans les rapports, qu'il estimait tant.

Lorsqu'il redescendit, il la trouva assise dans le salon en train de feuilleter un magazine.

— Nous pouvons prendre le petit déjeuner à Waterford. Je connais un salon de thé où on sert des pancakes absolument divins.

— Difficile de résister ! lui répondit-il avec une moue gourmande qu'elle trouva irrésistible.

— Nous ferons ensuite quelques courses pour le week-end. Je veux bien préparer le dîner de ce soir, tu n'auras qu'à t'occuper du petit déjeuner de demain.

Tray n'appréciait peut-être pas qu'elle le traite comme s'il était l'un de ses frères, mais ce mode de relation lui permettait de continuer à avancer en terrain connu. S'ils s'engageaient sur une autre voie, plus intime, elle ne savait pas trop comment elle réagirait.

« Tu as pourtant accepté de l'épouser dans un but bien précis ! »

Après un petit déjeuner aussi copieux que délicieux, ils se promenèrent dans les rues de Waterford, station balnéaire plus importante que Baden Harbor, qui pourtant, comme celle-ci, se vidait à l'approche de l'hiver. Le soleil, qui luisait ce matin-là, réchauffait l'atmosphère, et ils entrèrent dans les boutiques encore ouvertes en cette saison, sur l'avenue principale. Il s'agissait pour la plupart de magasins d'artisanat local destiné aux touristes.

— Nous pouvons retourner au cottage si tu veux, proposa-t-elle à Tray au bout de trois quarts d'heure.

— Déjà ? Mais nous ne sommes pas entrés dans les boutiques du trottoir d'en face.

Elle lui adressa un sourire amusé.

— Je vois bien que tu t'ennuies.

De toute évidence, Tray n'appréciait que modérément le rythme paisible d'une station balnéaire en octobre. Et cela n'avait rien d'étonnant, pour un homme comme lui, habitué à gérer des situations d'urgence.

Comme ils s'écartaient pour laisser entrer un autre couple, il lui passa le bras autour des épaules.

— Je ne m'ennuie pas du tout. Bien sûr, je mentirais en prétendant adorer ces objets de bois, cire ou autre, mais je trouve intéressant que des gens utilisent ces matériaux pour les fabriquer, et surtout qu'ils arrivent à gagner leur vie de cette façon. Il s'agit d'une économie parallèle qui m'est totalement inconnue.

— C'est assez novateur, en effet, dit-elle en prenant soin de ne pas trahir sa nervosité.

Il suffisait donc que Tray la tienne par les épaules, pour qu'elle perde ses moyens ? Le week-end, qui commençait à peine, ne serait pas de tout repos…

— Je pense que tu as vu assez de boutiques de souvenirs pour l'année à venir. Je propose donc une promenade en bordure de mer pour abréger tes souffrances !

Il rit et, sans la lâcher, sortit dans la rue pour s'engager dans cette direction.

— Je prendrais bien un café, déclara-t-il.

— Déjà ? Tu en as bu trois il y a moins d'une heure.

— J'ai l'habitude de boire du café tout au long de la matinée. Pas toi ?

— Seulement quand je suis stressée.

— J'en déduis donc que tu ne l'es pas aujourd'hui. Tant mieux. Mais il n'empêche que j'en prendrais bien un autre, moi !

Ils gagnèrent la jetée, où le vent soufflait plus fort, et se promenèrent en admirant les bateaux amarrés qui tanguaient sur l'eau. Jusqu'à ce qu'ils arrivent à une zone plus animée, où se succédaient des cafétérias. Il y avait même quelques tables en terrasse.

— Il fait maintenant trop frais pour s'asseoir dehors, dit Lianne tandis qu'ils poussaient la porte d'un établissement au charme suranné, mais crois-moi, trouver une table libre ici en plein cœur de l'été relève de l'exploit.

— Qui sait, l'été prochain nous attendrons peut-être la naissance de notre enfant.

Lianne se figea, puis lui répondit par un hochement de tête. Si seulement ils avaient pu en être sûrs…

Lorsqu'ils retournèrent au cottage après un détour par l'épicerie, le vent avait tourné et le ciel se couvrait de gros nuages noirs.

— Mon projet de longue promenade sur la plage dans l'après-midi me semble compromis. Vu la couleur du ciel, il ne devrait pas tarder à pleuvoir, et fort.

Comment occuperaient-ils leur temps, si la météo les obligeait à rester cloîtrés pendant de longues heures ? Midi approchant, Lianne se mit en cuisine pour préparer des sandwichs et une salade composée. Pendant le déjeuner, le ciel se fit si noir et menaçant qu'il fallut allumer la lumière.

— J'ai une idée ! lança Tray à la fin du repas. Prenons des couvertures et installons-nous sous le porche pour regarder les éléments se déchaîner. Face à l'océan, le spectacle devrait être grandiose !

L'idée plut aussitôt à Lianne, qui s'était toujours sentie proche de la nature. En été, il lui était souvent arrivé, les jours d'orage, de s'asseoir sous ce porche pour regarder la pluie tomber. Ces jours-là, certains membres de sa famille la traitaient de folle. Aurait-elle trouvé en Tray l'âme sœur ?

Un quart d'heure plus tard, ils déposaient un

canapé en osier bien à l'abri sous le porche, et s'y installaient avec les duvets trouvés dans les armoires. Tray la surprit en la couvrant avec des gestes attentionnés, insistant même pour qu'elle garde les deux duvets.

— Mais… tu vas avoir froid, protesta-t-elle.

— Je me serrerai davantage contre toi ! lui répondit-il en lui passant le bras autour des épaules.

Lianne eut l'impression que la température grimpait soudain, et n'osa plus bouger. Tandis qu'il regardaient, blottis l'un contre l'autre, les éclairs déchirer le ciel de plomb et le vent soulever les crêtes des vagues, Lianne se surprit à égrener des souvenirs de moments identiques. Ces souvenirs en entraînèrent d'autres, et au bout d'un quart d'heure, Tray remontait lui aussi le temps. La pluie, qui tombait dru autour d'eux, formait une sorte de cocon, et, une histoire en appelant une autre, ils ne virent pas les heures passer.

Ce furent la couleur du ciel, désormais noir, et la fraîcheur, qui les rappelèrent à l'ordre. Ils décidèrent finalement de dîner dans l'un des petits restaurants du coin, où ils passèrent une agréable soirée.

Jusqu'à ce que, au moment du dessert, Tray lui rappelle l'objectif de leur mariage.

Elle eut du mal à avaler la bouchée de tarte aux pommes, qu'elle mâcha indéfiniment. Elle avait envie de retarder le plus longtemps possible le retour au cottage. Envie aussi de s'y précipiter…

Bouleversée, elle ne savait plus ce qu'elle voulait.

— Tu n'as plus faim ?

— Plus trop, admit-elle avec un sourire crispé.

Elle aurait dû s'en tenir à son plan initial : trouver un homme duquel elle s'éprendrait, l'épouser et faire un enfant. Malheureusement, il ne suffisait pas de claquer des doigts pour que cela arrive.

Lorsqu'ils arrivèrent au cottage, Lianne avait du mal à mettre un semblant d'ordre dans ses idées. Elle hasarda un regard en direction de Tray, se demandant s'il était lui aussi nerveux. Mais il semblait en parfaite possession de ses moyens, comme à l'accoutumée.

— Détends-toi, lui dit-il en refermant derrière lui la porte du cottage. Je ne ferai rien que tu ne veuilles pas…

Elle se tourna vivement vers lui.

— Il se trouve que… *je veux* !

Ils se rapprochèrent l'un de l'autre, et, lorsqu'il pencha la tête pour l'embrasser, elle lui offrait déjà sa bouche. Comme les fois précédentes, ce baiser suscita en elle des sensations aussi extraordinaires que merveilleuses. Des sensations qui reléguaient tout au fond de son esprit le motif de leur union.

Il s'écarta d'elle un instant, et chercha son regard.

— Lianne, sache que je ne me borne pas à respecter les clauses de notre contrat. Tu me plais, et j'ai envie de toi. Mais je m'arrêterai quand tu me demanderas de le faire.

Lorsqu'il prit de nouveau ses lèvres, elle fut sur le point de crier : « *Jamais* ! » Car elle ne souhaitait surtout pas qu'il interrompe cette étreinte, qu'il la prive du plaisir qu'il lui apportait. Elle lui passa les bras autour du cou et s'y abandonna totalement.

Ils étaient tous deux essoufflés quand il la souleva dans ses bras et avança vers l'escalier, dont il commença à gravir les marches.

— Tray…

Il l'embrassa pour lui imposer le silence, et elle baissa les paupières afin de mieux savourer ce moment. Quelle femme au monde ne rêvait d'un amant aussi prévenant ?

Arrivé devant la porte de sa chambre, il marqua une pause.

— Sûre ? fit-il d'une voix rauque.

— Certaine.

Le dimanche matin, Lianne fut réveillée par le bruit de la pluie sur le toit. Elle roula sur le côté pour changer de position, et se retrouva tout contre Tray. Elle ouvrit les yeux, surprise, et les souvenirs de la nuit précédente l'assaillirent.

Il dormait toujours et elle examina ses traits au repos, se rappelant l'expression intense de son visage pendant qu'ils faisaient l'amour.

Tout doucement, elle glissa vers le bord du lit et se leva. Après avoir pris quelques vêtements, elle partit en direction de la salle de bains. Quelle attitude adopter, à présent ? Comment réagiraient-ils lorsqu'ils se retrouveraient face à face ? Elle le saurait bien assez tôt. En attendant son réveil, elle préparerait le petit déjeuner.

Tandis que l'eau chaude coulait sur son corps, elle eut l'impression de sentir encore sur sa peau les mains de Tray. Elle avait hâte de le revoir…

Elle préparait le café quand elle entendit le bruit de la douche à l'étage, et commença à battre des œufs. Vers quelle heure Tray voudrait-il repartir à Washington ? Elle lança un regard vers la fenêtre et regretta qu'il pleuve autant. Elle aurait volontiers couru ce matin-là le long de la plage.

— Bonjour, lança-t-il, la faisant presque sursauter.

— Bonjour. Le café est prêt.

Elle se reprocha cette entrée en matière, d'une consternante platitude.

Devait-elle l'embrasser ?

Ils avaient fait l'amour jusque tard dans la nuit, et voilà qu'elle ne songeait soudain qu'à leur retour au bureau. Elle espérait que nul ne remarquerait de changement dans leur relation.

— Que dirais-tu d'un jogging matinal ? lui demanda-t-il en se versant une tasse de café.

— Il pleut des cordes !

— Et tu ne cours pas sous la pluie ?

— En été éventuellement, mais pas quand il fait froid.

— Dans ce cas, il va falloir trouver une autre occupation pour la journée.

Elle les imagina remonter dans la chambre, et s'empressa de s'occuper de l'omelette.

— Je pensais que nous repartirions pour Washington…

— Nous pouvons très bien partir demain. En nous levant tôt, nous arriverons à l'heure d'ouverture des bureaux.

Il se rapprocha d'elle et, souriant, lui souleva le menton avant de poser un baiser léger sur ses lèvres.

— Ce qui nous laisserait toute la journée.

— Que faire, par ce temps ? Il y a des livres, bien sûr…

— Commençons par prendre le petit déjeuner, nous verrons ensuite.

Il était très tôt, le lundi matin, lorsque Tray s'engagea sur la route qui menait à Washington. Quand l'idée de ce week-end lui était venue à l'esprit, il avait l'intention de rentrer le dimanche. Mais sa nuit avec Lianne l'avait incité à changer d'avis.

Il avait découvert samedi soir une femme à la fois tendre et passionnée, qui l'avait surpris. La brillante analyste habituée à examiner les faits, à les disséquer, s'était révélée merveilleuse dans l'intimité.

Son téléphone portable, qu'il avait remis en fonctionnement en quittant le cottage, avait déjà sonné deux fois. La sonnerie retentit de nouveau, et, voyant le nom d'Emily s'afficher sur l'écran, il décida cette fois de prendre la communication.

En l'espace de quelques minutes, sa secrétaire l'informa de l'évolution de toutes les affaires en cours. Il l'écouta en hochant la tête et en faisant quelques commentaires rapides.

Il aurait préféré ne pas replonger de manière aussi brutale dans son univers professionnel, afin de pouvoir revivre tous les moments de cette lune de miel. Lorsqu'il avait proposé cette escapade à Lianne, il ne pensait pas découvrir une compagne aussi exceptionnelle.

Au bout de ce long tête-à-tête, il n'avait qu'une envie : le prolonger. Il s'imaginait bien, dans les années à venir, flâner avec elle dans les rues, préparer à manger, échanger des idées, rire… Et partager le même lit.

Quand Emily eut fini de lui transmettre toutes les informations, il lui promit de ne pas tarder à arriver.

— Nous pouvons aller directement au bureau

en arrivant, déclara Lianne quand il eut coupé la communication.

Elle avait été très calme depuis le début du trajet, qui s'était déroulé dans un silence presque total. Il l'avait sentie mal à l'aise le dimanche matin, après leur première nuit d'amour. Puis l'atmosphère s'était détendue, et ce matin encore, elle lui avait paru gênée. Allait-elle réagir ainsi après chaque nuit passée dans ses bras ? Il existait bien sûr une solution à ce problème : la vie à deux. Cette gêne du lendemain serait prompte à disparaître, et cela leur laisserait en outre tout le loisir de mieux se connaître.

Comment réagirait Lianne à cette suggestion ?

Et lui, prendrait-il plaisir à partager son quotidien avec Lianne, à dormir tous les soirs auprès d'elle ? Il avait toujours souhaité avoir un jour des enfants, sans pour autant imaginer le mariage ou se projeter dans une vie de couple. Jusque-là, il avait surtout concentré son énergie sur le succès de son entreprise. Et ses conquêtes féminines ne lui avaient jamais inspiré le désir de construire une relation plus sérieuse. Pas une seule fois il ne s'était imaginé marié avec Suzanne !

Mais Lianne était différente. Durant ce

week-end, il avait constaté qu'ils avaient de nombreux points communs. En outre, il se sentait bien avec elle. Très bien.

— Je vais avoir une semaine chargée, dit-elle alors.

— Au bureau ?

— Et à la sortie du bureau aussi, dit-elle sans le regarder.

Ce ne serait donc pas dans les jours à venir qu'il lui ferait part de son idée.

— J'envisage de retourner à Richmond le week-end prochain, déclara-t-il. Je n'ai pas envie de laisser cette maison à l'abandon. Veux-tu m'accompagner ?

Lianne se tourna vers lui, un sourcil levé.

— Tu envisages de trier toi-même les affaires de ton oncle ?

— Oui. Pourquoi ? Ça a l'air de te surprendre.

— Pour ne rien te cacher, je pensais que tu embaucherais quelqu'un…

— Je m'imagine mal demander à un étranger de mettre de l'ordre dans les affaires de ma famille ! rétorqua-t-il d'un ton un peu sec.

Etait-ce donc cette image-là que Lianne avait de lui ? Celle d'un homme détaché, insensible ?

— Oui, bien sûr. Mais c'est difficile de savoir

à quoi s'en tenir avec toi. Tu parles beaucoup d'Assistance Plus, mais très peu de ton passé, de toi… Mes frères, eux, n'ont aucun mal à monopoliser la conversation !

— Soit. Je fais du ski en hiver, de la voile en été, et il m'arrive aussi de donner des cours. En criminologie essentiellement.

Elle s'était tournée vers lui et le fixait, les yeux arrondis.

— Tu donnes des cours à l'université ?

— De temps en temps. Mais je n'ai certainement pas l'intention de me reconvertir dans le professorat.

— Te rends-tu compte que nous venons de passer le week-end ensemble, et que tu ne m'en as rien dit ?

— Et alors ? Fallait-il absolument t'en informer ?

— Il me semble normal de savoir un certain nombre de choses sur celui qui est appelé à devenir le père de mon enfant.

Elle vit ses lèvres s'étirer en un petit sourire.

— Tu veux dire, sur *ton mari* ?

— Euh… oui.

— Excuse-moi, mais tu n'es pas toujours

très claire toi non plus. Il faut savoir décrypter, quelquefois !

Ils rirent de concert, ce qui détendit aussitôt l'atmosphère.

Dès qu'il se fut garé dans le parking d'Assistance Plus, Lianne descendit de voiture.

— Laissons mon sac dans le coffre. Tu me le rapporteras la prochaine fois que tu passeras à l'appartement.

— Je peux très bien te raccompagner chez toi ce soir.

— Non, ce n'est pas possible. Je t'ai dit que je n'étais pas libre.

— Je te raccompagnerai quand même, pour que tu puisses prendre ta voiture et mener à bien tes projets secrets.

— Je n'ai aucun projet secret, lui dit-elle en se dirigeant vers l'ascenseur.

Il la rattrapa en quelques enjambées, surpris par sa propre réaction. Pourquoi insistait-il ainsi ? Etait-ce de la jalousie ?

Les portes de l'ascenseur s'ouvrirent sur une secrétaire qui les salua tout en les enveloppant d'un regard étonné. Ils ne soufflèrent mot dans la cabine, mais lorsqu'ils furent dans le couloir, il vint de nouveau se placer à côté d'elle.

— J'ai du travail, Tray, marmonna-t-elle

pour éviter d'attirer l'attention des employés assis à leur bureau.

— Moi aussi. Mais nous n'avcns pris aucune décision.

Elle se tourna vivement vers lui.

— A quel sujet ?

— A *notre* sujet, Lianne.

Elle cligna des paupières.

— Cette fois c'est moi qui ai du mal à décrypter !

— Voilà, je pense que nous devrions vivre ensemble.

En entendant ces mots, Lianne s'arrêta net dans le couloir.

— Quelle idée ! Et pourquoi ?

— Reconnais que ce ne sera pas très commode de devoir partir au cottage chaque fois que nous voudrons passer la nuit ensemble !

Affolée, elle regarda autour d'elle. Par chance, le couloir était désert et, derrière les vitres des différents bureaux, nul ne semblait avoir remarqué leur présence.

— Parle moins fort… Que veux-tu ? Que tout le monde soit au courant de… notre relation ?

L'espace d'un instant, il fut tenté de répondre par l'affirmative.

— J'essaie seulement de voir la situation sous un angle pratique.

— Il n'a jamais été question que nous vivions ensemble. J'ai accepté de t'épouser, mais nous n'avons jamais abordé le sujet de la cohabitation. Et maintenant, désolée, mais « on » ne me paie pas pour bavarder dans les couloirs !

Sur le point de répliquer, Tray dut se taire car l'un de ses employés venait de sortir de son bureau.

Décidément, ce « voyage de noces » ne finissait pas comme il l'avait espéré. Il ne pouvait pas obliger Lianne à s'installer chez lui, et il pouvait difficilement aller chez elle sans y avoir été invité.

Il lui fallait du temps pour mettre sur pied une autre stratégie.

Lianne referma derrière elle la porte de son bureau, et poussa un soupir de soulagement. Elle était dépassée par les événements. D'abord le voyage de noces, maintenant cette proposition…

Le week-end s'était déjà révélé éprouvant. Imaginer vivre avec Tray relevait tout bonnement de l'impossible. Elle finirait par commettre la terrible erreur de s'éprendre de lui. Or là n'était pas le but recherché. Ils voulaient faire un enfant. Rien de plus.

Tray remit son bagage au gardien de l'immeuble ce lundi soir, tandis que Lianne dînait avec Anna-Liz, qui bien sûr l'assaillit de questions lorsqu'elle lui dit avoir passé le week-end au cottage avec « son mari ». Elle réussit à en éluder certaines, et surtout à s'en tenir à la version qu'elle avait donnée dès le début à sa jumelle.

Elle parvint à éviter Tray pendant toute la semaine, arrivant à Assistance Plus quand elle savait qu'il s'y trouvait déjà, et en repartant à 17 heures précises.

Le vendredi matin, elle se réveilla assez mal en point, et reconnut sur-le-champ les premières manifestations de ces douleurs qui, de mois en mois, se faisaient plus insupportables. Elle se rendit sur son lieu de travail avec une boîte d'antalgiques assez forts, qui se montraient parfois efficaces si elle les prenait à temps. Dans l'après-midi cependant, elle dut rentrer chez elle.

Après avoir revêtu un confortable pyjama en

flanelle, elle prit de nouveau des comprimés et se coucha avec une bouillotte sur le ventre. Il n'y avait donc pas de bébé… Mais bien sûr, elle ne pouvait pas espérer un miracle suite à un seul week-end, aussi ardent ait-il été. D'autant qu'il ne s'était pas déroulé à des dates particulièrement favorables.

Elle s'endormit au bout d'une demi-heure, quand le médicament commença à faire de l'effet, et fut réveillée par le téléphone.

— Allô ? lança Tray. Lianne, je t'appelle pour savoir si tu veux m'accompagner à Richmond.

Elle avait oublié qu'il lui avait posé la question le lundi matin, et qu'elle n'y avait toujours pas répondu.

— Pas ce week-end, lui répondit-elle d'une voix faible.

— Que fais-tu ?

— En ce moment même, je suis couchée dans mon lit avec une bouillotte. Comme tous les mois, à peu près à la même date.

— J'arrive.

— Ecoute, ce n'est…

Mais il avait déjà raccroché. Elle poussa un long soupir et fit de même. Voilà tout ce qui lui manquait. Si elle ne lui répondait pas quand il sonnerait à sa porte, il consentirait peut-être à partir.

Connaissant Tray comme elle le connaissait, elle savait bien qu'il était capable de faire appel au gardien, alléguant qu'elle était trop souffrante pour lui ouvrir et qu'il devait absolument l'aider.

Elle était cependant touchée qu'il quitte l'entreprise pour venir la voir. Lorsqu'il aurait constaté qu'elle n'était pas en état de l'accompagner à Richmond, il repartirait. Mais pendant quelques instants, elle se sentit choyée.

Elle se leva en grimaçant, alla dans la salle de bains pour s'asperger le visage d'eau tiède, puis s'allongea sur le canapé du salon. Dix minutes plus tard, il sonnait à la porte. Après lui avoir ouvert, elle retourna s'allonger.

— Que puis-je faire, Lianne ? Tu es pâle comme un linge.

— C'est gentil d'être passé, mais tu ne peux *rien* faire. J'ai pris des antalgiques, qui réussissent plus ou moins à freiner la douleur. Je serai sans doute à mon poste lundi. Va à Richmond, comme tu l'avais décidé.

Il secoua la tête.

— Non, je vais rester avec toi. As-tu mangé ?

Comme elle secouait la tête, il lança un regard en direction de la cuisine.

— Dans ce cas, je vais te préparer ma spécialité : des œufs brouillés au jambon !

Elle réussit à sourire.

— Ma foi… je veux bien.

Cela l'occuperait, et la perspective de prendre un vrai repas, au lieu du bol de soupe envisagé, n'était pas pour lui déplaire.

Roulée en boule sur le côté, elle l'entendit aller et venir dans la cuisine, ouvrir et fermer les portes des placards. Bizarrement, ces bruits avaient quelque chose de réconfortant et d'apaisant.

Elle se demanda comment elle s'adapterait à une vie de couple. De couple véritable, ce qui n'était pas le cas du leur. Cela signifiait partager un espace avec quelqu'un, accepter sa façon de vivre, ses habitudes, jusqu'à ce qu'elles deviennent normales, et que la solitude, elle, ne le soit plus.

Tray avait suggéré qu'ils vivent ensemble. Si elle acceptait, elle devrait annoncer à tout le monde leur mariage — sans pour autant entrer dans les détails. Mais si leur union n'aboutissait pas à une grossesse, cela ne ferait que compliquer la situation. Mieux valait s'en tenir aux premiers termes de leur accord.

Elle appréciait cependant l'aide qu'il lui apportait… et espérait qu'il ne profiterait pas de l'occasion pour s'installer chez elle !

7.

Lorsque le repas fut prêt, Tray servit les œufs brouillés dans deux assiettes, qu'il mit sur un plateau avec des verres, de l'eau et un paquet de crackers. Lorsqu'il retourna dans le salon, Lianne était toujours allongée, les yeux fermés.

— Tu dors ? chuchota-t-il.

Soulevant les paupières, elle lui adressa un pauvre sourire.

— Non. Mais j'espère ne pas tarder à m'endormir. Mm… Ce que tu as préparé sent bon.

— Ça devrait être bon aussi ! Cette recette n'a aucun secret pour moi, tu le sais bien.

Ils mangèrent dans un silence confortable, et, le repas terminé, il rapporta le plateau dans la cuisine.

— Tu n'es pas obligé de rester avec moi, lui dit-elle lorsqu'il revint avec deux tasses de camomille.

Assis en face d'elle, il but deux gorgées de tisane avant de reprendre la parole.

— Je souhaiterais que tu réfléchisses à ma proposition, Lianne. Si tu n'es pas enceinte dans les semaines à venir, tu pourras difficilement rester seule la prochaine fois que ceci se produira.

— J'y suis habituée, Tray. Il y a des années que je subis ce genre de désagrément.

— Certes, mais tu peux maintenant te reposer sur quelqu'un. Tu as un mari.

— Tu prends très au sérieux tes responsabilités à mon égard, mais je te rappelle que nous ne sommes pas vraiment mariés, Tray.

— Si.

— Pas au sens traditionnel. Tu n'as pas à prendre soin de moi.

— J'ai envie de m'occuper de la mère de mon enfant.

Elle hésita avant de lui poser la question qui lui brûlait les lèvres depuis un certain temps.

— Aurais-tu épousé Suzanne, si elle avait gardé votre enfant ? Aurais-tu… eu « envie de t'occuper » d'elle ?

Il n'eut pas à réfléchir pour lui répondre.

— Suzanne voulait se marier, mais sans avoir d'enfants. Et je n'étais pas prêt, pour ma part, à m'engager auprès d'elle. Mais si elle avait décidé de garder cet enfant, je lui aurais sans doute proposé le mariage.

Elle n'avait pas fait ce choix-là. Afin de ne pas abîmer ce corps qu'elle chérissait tant, de continuer à mener cette vie frivole qui lui convenait si bien : shopping, cocktails, voyages exotiques… Il imaginait mal Suzanne passer les étés dans un cottage familial, entourée de tous les siens. Pendant la durée de leur liaison, il l'avait trouvée parfaite pour la scène sociale. Mais jamais il n'avait envisagé le mariage avec elle.

Pas plus qu'avec Lianne, d'ailleurs. Pourtant, il ne le regrettait pas. Il se sentait parfaitement bien en sa présence. Pourquoi refusait-elle d'admettre que la vie en couple comporterait de nombreux avantages ?

— Si tu partais, je pourrais retourner me coucher, dit-elle alors.

— Va te coucher. Je n'ai pas besoin que tu me tiennes compagnie.

Les yeux plissés, elle l'observa.

— Tu as apporté ton ordinateur portable ?

— Il est dans la voiture.

Il lut l'hésitation dans son regard.

— Va te reposer, Lianne. Je vais rester

encore un peu, au cas où tu aurais besoin de quelque chose.

Le lendemain matin, ce fut la lumière qui filtrait à travers les rideaux qui le réveilla. Cette fois encore, le sommeil l'avait surpris sur le canapé. Dans la nuit, il avait à trois reprises hasardé un regard dans la chambre de Lianne pour s'assurer qu'elle allait bien, et l'avait trouvée profondément endormie.

Il se doucha rapidement, regrettant de ne pas avoir apporté du linge de rechange, mais lorsqu'il était arrivé la veille il ne se doutait pas qu'il passerait la nuit là. Au moment où il sortait de la salle de bains, la porte d'entrée s'ouvrit sur Anna-Liz, qui possédait les clés de chez sa sœur.

A sa réaction, il comprit aussitôt qu'elle ne s'attendait pas à le trouver là.

— Vous m'avez fait peur ! s'exclama-t-elle en portant la main à sa poitrine.

— J'ai passé la nuit ici. Lianne ne se sentait pas très bien.

— Je sais. Elle m'a appelée hier et m'a laissé un message. Mais je suis rentrée trop tard pour la rappeler, et j'ai décidé de passer ce matin lui préparer le petit déjeuner.

— Eh bien, préparons-le ensemble. J'allais justement à la cuisine.

Plantant dans le sien son regard, d'un bleu à peine plus clair que celui de Lianne, Anna-Liz hésita un court instant avant d'acquiescer.

Lorsque le plateau fut prêt, ils se connaissaient un peu mieux. Anna-Liz paraissait nantie d'un caractère plus souple que sa sœur. Mais ce n'était peut-être qu'une impression, car il n'était pas marié avec elle et ne cherchait pas à la convaincre d'habiter avec lui !

Après s'être assurée que Lianne était réveillée, Anna-Liz vint chercher le plateau du petit déjeuner.

— Il semblerait qu'elle se soit bien reposée. En tout cas, elle a faim.

— Tant mieux ! s'exclama Tray, qui s'empressa de mettre une pile de pancakes dans l'assiette qui lui était destinée.

Anna-Liz, qui l'avait regardé faire en souriant, en retira quelques-uns.

— Peut-être pas aussi faim..., déclara-t-elle, ironique.

— Vous me rappelez Lianne. Elle aurait eu exactement la même réaction.

Sans se départir de son sourire, Anna-Liz haussa une épaule et disparut. Quand elle revint dans la cuisine, un peu plus tard, Tray avait terminé son petit déjeuner.

— Je vais rentrer chez moi me changer et prendre quelques affaires. Ça vous ennuie de rester là jusqu'à mon retour ?

— Vous n'êtes pas obligé de revenir. Je peux passer tout le week-end avec ma sœur. Dominic est en déplacement.

— Je reviendrai, dit-il, laissant délibérément son ordinateur portable sur la table du salon.

Après s'être servi une tasse de café, Anna-Liz rejoignit sa sœur dans la chambre. Celle-ci avait mangé tous les pancakes, bu la tasse de thé, et, après avoir posé le plateau sur la table de chevet, s'était allongée de nouveau, tournée vers la fenêtre.

— Ce type m'a l'air bien déterminé à jouer son rôle de mari, déclara Anna-Liz en s'asseyant au bord du lit.

— Tray ? Il est encore là ?

— Non. Il est parti après m'avoir dit deux fois qu'il allait revenir.

Lianne grimaça et soupira.

— Il a un sens des responsabilités très développé. Je lui ai répété sur tous les tons que je pouvais très bien me tirer d'affaire seule, mais il n'a rien voulu entendre. Je pensais qu'il passerait le week-end à Richmond, pour trier les affaires de son oncle.

En quelques phrases, elle raconta à sa sœur l'enfance de Tray et le récent décès de Hal.

— Il n'a donc plus que toi comme famille…, murmura Anna-Liz.

— Jusqu'à la naissance du bébé. Et si le bébé n'arrive pas… il cherchera ailleurs.

— Dans ce cas, mets tout en œuvre pour éviter ce scénario !

Après avoir fourré quelques affaires dans un sac, Tray s'arrêta chez un fleuriste, où il acheta un bouquet de roses d'une belle couleur safran qui stimulerait Lianne. Sur le point d'acheter aussi une boîte de chocolats, il se ravisa. Mal en point comme elle l'était, elle apprécierait peut-être modérément ce genre de friandise. Un DVD, peut-être ? Il s'arrêta donc également dans une boutique de location de DVD, et, ne connaissant pas les goûts de Lianne en matière de cinéma, en loua tout un assortiment.

Puis, avant de retourner à l'appartement de la jeune femme, il fit une halte à Assistance

Plus, où il prit quelques dossiers sur lesquels il se pencherait s'il en avait le temps, pendant qu'elle se reposerait. Elle ne tenait pas à ce qu'il reste chez elle, mais son instinct l'incitait à ne pas rester longtemps éloigné d'elle en ces circonstances.

Il frappa à la porte au lieu de sonner, afin de ne pas la déranger au cas où elle dormirait.

Anna-Liz lui ouvrit et lui sourit.

— Très joli bouquet… J'ai dit à Lianne que vous alliez revenir. Elle dort, pour le moment. Dans son état, c'est ce qui lui convient le mieux. Je crois qu'il y a des vases dans le placard qui se trouve sous l'évier. Je serais volontiers restée, mais il me semble que vous avez la situation bien en main. Je vous laisse mon numéro de téléphone fixe et de portable sur le guéridon de l'entrée, au cas où vous auriez besoin de me joindre.

Tray hocha la tête. Il n'y avait aucune raison pour qu'il ait « besoin » de l'appeler, mais si cela devait la rassurer, pourquoi pas ? Une fois Anna-Liz partie, il trouva un vase, y mit le bouquet et se dirigea vers la chambre de Lianne. Comme elle dormait toujours, il y entra sur la pointe des pieds et posa les fleurs sur une table basse située près de la fenêtre.

Ensuite, il installa son ordinateur sur la table de la salle à manger et se mit à travailler.

Lianne ne se réveilla qu'en fin d'après-midi, et poussa un soupir de soulagement en constatant que les douleurs s'étaient estompées. Le pire était donc passé, ce mois-ci.

Comme elle s'étirait, elle sourit à la vue du bouquet de roses aux couleurs flamboyantes. Ces fleurs étaient superbes, et elle se fit soudain l'impression d'être une star choyée par un admirateur.

Elle resta longtemps sous la douche, et en sortit réconciliée avec la vie. Vêtue d'un ample pantalon en coton et d'un gros pull avec des lapins, elle partit en direction de la cuisine, prête à se préparer un goûter consistant.

Puis elle s'arrêta, interdite, devant la porte de la salle à manger. Tray se trouvait là, assis devant son ordinateur, alors qu'elle pensait être seule chez elle.

— Mais… que fais-tu là ?

Il se tourna vers elle.

— Ça va mieux ?

— Beaucoup mieux. Je croyais que tu étais parti depuis longtemps.

— Je suis allé chez moi récupérer quelques affaires, et puis je suis revenu avant que ta sœur ne s'en aille.

— C'est… toi qui as rapporté ces fleurs ?

Il hocha la tête sans la quitter du regard. Visiblement surprise, elle sourit.

— Merci beaucoup. Elles sont superbes.

— Je t'en prie.

— Tu peux rentrer chez toi, maintenant, Tray. Je vais tout à fait bien.

— Je reste, lui répondit-il, très calme, avant de fixer de nouveau l'écran de son ordinateur. Très mignons, ces petits lapins…

Décontenancée, elle porta les yeux sur sa poitrine et sur lesdits lapins, puis poursuivit son chemin jusqu'à la cuisine, où elle se prépara un en-cas. Elle appréciait la sollicitude de Tray, mais n'en avait nul besoin. Pas plus que de lui. Sa sœur elle-même savait qu'elle ne devait pas envahir son territoire. Pourtant, plus elle y songeait plus elle admettait être touchée par ses attentions.

Elle venait de s'installer dans le salon avec un plateau, lorsque Tray vint la rejoindre.

— Lianne, je suis maintenant à même de mesurer l'ampleur du problème.

— Les médecins ne prennent pas ce genre de décision à la légère.

— Il serait donc préférable que cette grossesse ne se fasse pas trop attendre.

Elle se borna à hocher la tête.

— Je persiste donc à penser que nous devrions vivre ensemble. Cette solution me semble beaucoup plus adéquate que celle des week-ends au cottage. Elle serait aussi plus… efficace, me semble-t-il.

Un peu gênée par la tournure que prenait leur conversation, elle mordit dans son sandwich au saumon fumé.

— Bon…, dit-elle enfin. J'admets que tu n'as pas tort. Mais dans ce cas, je suggère que nous… eh bien… que nous cohabitions pendant les périodes les plus propices à la procréation, finit-elle d'une traite, les yeux rivés sur sa tasse.

Il garda le silence, et finit par hocher la tête.

— D'accord. Mon appartement étant plus grand que le tien, je propose que tu viennes chez moi. J'ai deux chambres.

— D'accord.

— Préviens-moi quand tu seras prête.

— D'accord.

Ils passeraient des nuits intenses, pareilles à celles qu'ils avaient passées au cottage. Des nuits qu'elle aimait à se remémorer. Trop souvent, vu la nature de leur mariage. Car ils étaient unis par une sorte de pacte. Physiquement, ils avaient été aussi proches que peuvent l'être deux personnes. Mais cette intimité ne dépassait pas le cadre de la relation physique. Tray se tenait sur la réserve.

Peut-être avait-il lui aussi cette opinion d'elle.

— J'ai apporté quelques DVD.

— Tu n'es pas obligé de rester, lui répéta-t-elle.

— Mais il y a des films que j'aimerais bien voir !

Le reste du week-end se déroula calmement. Tray consentit à partir le dimanche matin, quand elle lui eut dit et répété que tout était rentré dans l'ordre. Encore fatiguée, elle passa la journée à lire et à regarder la télévision. La proposition de Tray s'imposait souvent à son esprit. Dans quelques jours, elle s'installerait sous son toit.

Le lundi, il l'appela à son bureau pour avoir de ses nouvelles.

Le mardi, il s'y arrêta quelques minutes.

Le mercredi après-midi, il chargea Emily d'appeler pour savoir si tout allait bien.

Le jeudi, il passa la voir au moment où elle s'apprêtait à partir…

— Tu rentres chez toi ?

— Oui, Tray. Et je vais bien, comme je te l'ai dit tous les jours de la semaine.

— Quand penses-tu venir t'installer chez moi ?

Elle ne lui répondit pas tout de suite, prenant le temps de boutonner son manteau. Il faisait froid dehors.

— Dans quelques jours.

Elle ne tenait pas à gâcher ses chances en attendant le dernier moment, mais cette situation lui paraissait de plus en plus embarrassante. Elle avait l'impression d'être dans la peau d'une adolescente à son premier rendez-vous. Or il fallait qu'elle se défasse de cette impression.

Elle réprima le soupir qui lui montait aux lèvres, et le regarda droit dans les yeux.

— Je viendrai samedi.

— Parfait. Dans ce cas, je propose que nous

dînions ensemble ce soir ou demain. Samedi matin, je passerai chez toi chercher tes affaires.

— J'apporterai quelques vêtements et des affaires de toilette, rien de plus. Je m'installe chez toi pour *quelques jours*.

Il fit mine de ne rien avoir entendu.

— Si tu veux, nous pourrions aller au cottage une fois que tu auras déposé tes bagages chez moi.

— Ne devais-tu pas te rendre à Richmond ?

— Rien ne presse. J'ai finalement décidé de louer la maison, pour le moment. Je pourrai toujours la vendre plus tard, si j'en ai envie. Il faudra en effet que j'y mette de l'ordre et que j'y fasse quelques petits travaux de réfection avant de m'adresser à une agence immobilière. Mais rien ne presse, répéta-t-il. Et qui sait, notre fils ou notre fille sera peut-être un jour content d'habiter cette maison, ou d'y passer des vacances…

Notre fils ou notre fille.

Elle devait cesser de chercher à tenir Tray à distance. Comment lui reprocher de ne pas se livrer assez, si, de son côté, elle le fuyait ?

— Si ton invitation à dîner tient toujours, je suis libre ce soir.

Un peu plus tard, installés face à face, ils

dégustaient de délicieuses grillades en bavardant. Après une entrée en matière professionnelle, la conversation avait pris une tournure beaucoup plus personnelle. Lianne ne se rappelait pas avoir entendu Tray parler autant de lui, de ses jeunes années. Elle apprit même que c'était son passage dans l'armée qui lui avait donné l'idée de créer Assistance Plus. Lors de manœuvres périlleuses, il avait pris conscience de l'importance des dispositifs de sécurité.

Elle l'écoutait avec d'autant plus de plaisir qu'il agrémentait son récit d'anecdotes amusantes. Ne le connaissant pas aussi disert, elle était sous le charme, et se prit à regretter que la soirée touche à sa fin lorsqu'il demanda l'addition.

Lorsqu'ils furent arrivés au pied de son immeuble, elle l'invita à boire un café.

— Je vais malheureusement devoir décliner l'invitation, lui répondit-il avec une grimace. Je dois être très tôt au bureau demain matin. J'attends un appel important de Londres.

Prenant son visage entre ses mains, il se pencha vers elle pour l'embrasser. Et, comme les fois précédentes, toute forme de raisonnement la déserta. Si leurs nouveaux rapports ne lui semblaient pas évidents, l'attirance physique qu'ils avaient l'un pour l'autre était, elle, d'une force indéniable.

Au bout de quelques minutes, elle n'avait plus la moindre envie de boire un café. Ce qu'elle voulait, c'était prolonger cette étreinte dans sa chambre, assouvir sa soif de Tray. Une soif qu'elle ne chercha pas à lui cacher.

— Monte, lui dit-elle dans un souffle, quand il s'écarta d'elle. Reste avec moi ce soir…

Il réfléchit.

— Je dois être au bureau de très bonne heure.

— Tu partiras de très bonne heure.

Cette fois il n'hésita plus.

Lorsque Lianne se donna à lui, ce soir-là, pas une seule fois elle ne songea au motif de leur mariage.

8.

Il lui en coûtait de partir avant l'aube. Lianne dormait blottie contre lui, une main sur son bras. Il fallait qu'il rentre chez lui, se douche et se change, puis reparte pour le bureau. Mais il n'avait aucune envie de s'éloigner de Lianne. La mort dans l'âme, il se laissa glisser tout doucement vers le bord du lit et se rhabilla sans faire de bruit.

Les rues étaient presque vides à cette heure. Sous la douche, il s'efforça de se rappeler les points importants de ce rendez-vous téléphonique. Mais son esprit l'emportait sans cesse vers Lianne.

Lianne qui s'installerait chez lui le lendemain. Pendant les jours à venir, il ne serait pas obligé de quitter à contrecœur ce corps souple et chaud, lové contre le sien. Bien sûr, il lui proposerait d'occuper la deuxième chambre, mais il savait bien qu'ils dormiraient ensemble.

Un an plus tôt, il ignorait que Suzanne était enceinte. Un an plus tôt, il n'envisageait pas de faire un enfant dans un avenir proche. Mais son oncle avait quitté ce monde, Suzanne ne faisait plus partie de sa vie, et il désirait plus que tout avoir un bébé avec Lianne.

Que se passerait-il ensuite ? L'avenir le lui dirait.

Lianne regrettait presque sa décision. Elle aurait dû se montrer plus ferme, refuser de manière catégorique de s'installer chez Tray, ne serait-ce que pour quelques jours. Ils jouaient avec le feu, en essayant de bâtir une relation sur une hypothétique grossesse. Que se passerait-il si elle n'était toujours pas enceinte au bout de quelques mois ? Elle s'attachait de plus en plus à Tray.

Et s'il apparaissait qu'elle était incapable de procréer…

Dès qu'elle arriva à son bureau, les nombreux messages qui l'y attendaient l'empêchèrent de s'interroger plus avant. La situation dans les Balkans s'était de nouveau aggravée et elle tenta à plusieurs reprises de joindre Steve, sans aucun succès.

Il était un peu plus de 9 heures quand Emily l'appela pour lui annoncer que Tray l'attendait dans son bureau.

— C'est impossible, Emily, lui répondit-elle tout en prenant des notes. Je suis débordée !

— Tray doit partir, et il m'a dit qu'il fallait absolument qu'il te voie avant.

— Il part ? D'accord, j'arrive !

Trois minutes plus tard elle entrait dans son bureau. Tray, qui mettait des dossiers dans un attaché-case, la pria de fermer la porte derrière elle.

— Que se passe-t-il ?

— Ce coup de fil de Londres a changé pas mal de choses, déclara-t-il, la mine sombre. Je dois partir pour l'Europe. Emily m'a réservé une place sur un vol qui décolle en tout début d'après-midi. Cela me laisse à peine le temps de passer chez moi chercher quelques affaires.

— Tu dois revenir à quelle date ?

— Aucune idée.

— Que se passe-t-il au juste ? répéta-t-elle.

— Ce serait un peu long à expliquer.

Il contourna son bureau et s'arrêta devant elle.

Penser à elle seule en de telles circonstances relevait de l'égoïsme, Lianne le savait. Tray n'aurait pas décidé de partir aussi précipitamment si une urgence ne l'y avait obligé.

— D'accord, fit-elle. Si… tu ne rentres pas à temps, il restera toujours le mois suivant.

— Ou l'autre encore…

Lui caressant la joue, il murmura :

— Prends bien soin de toi.

Elle hocha la tête et sentit son cœur battre plus fort. Allait-il l'embrasser ?

Emily frappa alors à la porte, et l'ouvrit sans attendre d'y avoir été conviée.

— Voilà toutes les informations sur votre vol, Tray, dit-elle en lui tendant une enveloppe. A votre arrivée, appelez-moi si vous avez besoin de quoi que ce soit.

— N'hésite pas à m'appeler moi aussi, renchérit Lianne.

Les jours passèrent. La situation empirait dans les Balkans, mais Lianne avait du mal à établir un rapport entre cette crise et la présence de

Tray en Europe. Elle cochait les cases de son calendrier.

Le vendredi soir arriva sans qu'elle lui ait parlé au téléphone. Elle avait quelques nouvelles par Emily, qu'il avait jointe pour s'assurer de la bonne marche de l'entreprise.

Afin de se changer les idées, Lianne dîna chez Anna-Liz le samedi soir. Celle-ci fit de son mieux pour la rassurer.

— D'après ce que je sais, ce n'est pas la première fois que notre James Bond disparaît ! Vous rattraperez le temps perdu à son retour…

Quand reviendrait-il ?

Une autre semaine commença. Emily aussi cherchait à la rassurer, lui transmettant les quelques nouvelles qui lui parvenaient. Il ne tarderait pas à rentrer, lui disait-elle. Mais bien sûr, Emily n'avait pas les mêmes impératifs de calendrier qu'elle.

Le jeudi, elle rentrait de déjeuner quand elle reçut un appel de Tray.

— Où es-tu ? lança-t-elle.

— Dans mon bureau. Tu peux venir ?

— J'arrive.

Emily n'étant pas là, elle frappa à la porte restée entrouverte.

Tray l'ouvrit. Il avait les traits tirés, l'air fatigué. Et il était superbe ! Sous ce regard de braise, Lianne oublia sur-le-champ tous les tourments endurés pendant sa longue absence.

— Te revoilà enfin, dit-elle simplement.

— Oui, *enfin*…

Il n'eut qu'à tendre les bras pour qu'elle s'y blottisse.

Après l'avoir gardée serrée très fort contre lui pendant quelques instants, il chercha sa bouche. Lianne lui passa les bras autour du cou et l'embrassa avec une sorte de ferveur, due au soulagement — et au plaisir — de le retrouver sain et sauf.

Ce baiser dura longtemps, très longtemps. Pressés l'un contre l'autre, ils célébraient leurs retrouvailles.

Quand ils s'interrompirent enfin pour recouvrer leur souffle, il lui souleva le menton et fouilla son regard.

— Je suis épuisé, et pour couronner le tout, j'ai rendez-vous dans deux heures à la Maison Blanche !

— A la Maison Blanche ? répéta-t-elle avec une moue admirative.

— L'affaire pour laquelle je me suis déplacé

est de grande envergure. Mais avant de retrouver ces sommités, je voulais te voir.

Il l'embrassa au coin des lèvres, avant d'ajouter à voix basse :

— Où en sommes-nous... côté calendrier ?

Elle avala sa salive.

— Ce serait... parfait.

Comme s'il n'attendait que ce signal, il l'attira de nouveau contre lui et prit ses lèvres, glissant les mains sous son chemisier pour sentir sous ses doigts sa peau de satin. Lorsque les paumes de ses mains se refermèrent autour de ses seins, Lianne lâcha un petit gémissement, puis se cambra contre lui.

Les joues en feu, elle remit de l'ordre dans sa tenue en quelques secondes à peine, tournant le dos à Tray.

Comment avaient-ils pu ? *Là*, dans le bureau ! Alors que bon nombre d'employés frappaient pour s'annoncer et glissaient la tête par l'entrebâillement de la porte pour s'assurer qu'il était libre...

N'importe qui aurait pu les surprendre.

Elle retrouva l'un de ses escarpins et le mit

avant de foudroyer du regard celui auquel elle venait de se donner avec tant d'ardeur. Elle lui en voulait. Elle s'en voulait surtout de s'être laissé gouverner par le désir, elle qui était une femme de tête !

Tray, qui avait fini de se rhabiller, la regardait faire, dérouté. Par sa réaction, mais aussi et surtout par sa propre attitude. Durant son séjour en Europe, il s'était efforcé de penser le moins possible à sa relation avec celle qui portait désormais son nom. La situation qui avait nécessité sa présence était trop dangereuse pour qu'il se permette la moindre distraction.

Il l'avait cependant appelée dès son arrivée. Et il lui avait fait l'amour dans son propre bureau, ce qui, quelques jours plus tôt, lui aurait paru inconcevable ! Alors que, par-dessus le marché, il était attendu à la Maison Blanche…

Il se passa la main sur la nuque et vint se placer en face de la jeune femme.

— Où habites-tu en ce moment ?

— Chez moi ! lui répondit-elle d'un ton sec. Où voudrais-tu que j'habite ?

Sa réponse ne se fit pas attendre.

— J'avais cru comprendre que tu allais t'installer chez moi.

— Ecoute, Tray, plus j'y réfléchis, moins l'idée

me plaît. La façon dont nous avons procédé jusqu'ici me convient très bien.

— Tu veux parler du cottage… ou du bureau ?

— Du cottage, évidemment rétorqua-t-elle d'un ton cinglant. Ce que nous venons de faire était… absurde. N'importe qui aurait pu entrer à ce moment-là.

Il grimaça et glissa des doigts nerveux dans ses cheveux avant de poser les yeux sur sa montre.

— Je voudrais que ceci soit bien clair entre nous, Lianne : ce n'était pas prémédité. Et je dois malheureusement mettre un terme à cette discussion, parce qu'il faut que je rentre chez moi sans plus tarder. Je propose que nous la reprenions plus tard.

— Non. Ni plus tard, ni jamais ! Je ne souhaite plus entendre parler de ce… de cet incident !

Elle était sur le point de sortir, lorsqu'il la retint par le bras.

— Tu aurais pu me rappeler à l'ordre à n'importe quel moment, Lianne. Tu sais très bien que je n'aurais pas insisté.

Elle se tourna vers lui, et soutint son regard.

— Je n'en avais pas envie.

Un sourire flotta sur ses lèvres et il lui posa un baiser sur la tempe.

— Je t'appellerai à la fin de mon entretien.

— C'est inutile.

Elle s'empressa de sortir et de refermer la porte derrière elle. Une fois dans le couloir, elle eut du mal à ne pas courir pour regagner son propre bureau et s'y enfermer.

Les yeux rivés sur la porte, Tray lâcha un juron. Quel besoin avait-il de se comporter comme un gamin ? A son âge, il était censé avoir appris depuis longtemps à contrôler ses pulsions !

Il n'avait qu'une seule excuse : Lianne. Lianne, qui s'était elle aussi laissé emporter par le tourbillon de leur désir. Il n'oubliait pas le contact de ses lèvres brûlantes contre les siennes.

Avait-il vraiment besoin de *cela,* juste avant ce rendez-vous à la Maison Blanche ?

9.

Très perturbée par ce qui venait de se passer, Lianne décida de rentrer chez elle. Jamais elle n'avait quitté son poste un jeudi, en milieu d'après-midi — sauf pour raisons de santé.

Tray avait décidément sur elle un effet des plus étranges.

Après s'être douchée, elle entreprit de faire un peu de ménage. L'appartement n'en avait nul besoin, mais cela lui donnerait l'impression de mettre un peu d'ordre dans son esprit.

Elle réussit à s'occuper jusqu'en toute fin d'après-midi. Tray ne l'ayant toujours pas appelée à 19 heures, elle en déduisit qu'il ne se manifesterait pas.

Il était presque 22 heures et elle venait de se coucher lorsque le téléphone sonna.

— Je suis désolé, Lianne, lança-t-il sans préambule. Je ne me doutais pas qu'on me demanderait de participer à une réunion des services secrets de l'Etat, et que j'en sortirais si tard. Voilà. Je tenais juste à t'expliquer pourquoi je ne t'ai as appelée jusque-là… et à te souhaiter bonne nuit.

— Merci, Tray. Bonne nuit à toi aussi.

— Pense à moi avant de t'endormir.

Avait-elle seulement le choix ?

Le lendemain matin, Lianne venait de s'asseoir à son bureau lorsque le téléphone sonna.

— Bonjour Lianne, Emily à l'appareil. Je t'appelle de la part de Tray. Il voudrait savoir si tu es libre ce soir pour assister à un concert de John Williams au Kennedy Center. Si ça te convient, il passerait te chercher à 19 heures, et vous iriez souper à la fin du spectacle.

— Parfait. Dis-lui que ça me va très bien, et que je serai prête à 19 heures.

Lorsqu'il eut la réponse, Tray eut du mal à contenir un cri de joie. Lianne prenait beaucoup de plaisir à assister aux spectacles du Kennedy Center, qui étaient en général de grande qualité. De plus, ces soirées lui offraient l'occasion d'arborer des tenues un peu sophistiquées, ce qui n'était pas pour lui déplaire.

***

Sa montre affichait 19 heures, lorsque Tray sonna à sa porte.

— Tu es très belle, lui dit-il avec un regard qui ne démentait pas ses propos.

Elle portait ce soir-là une robe en velours grenat qui la mettait en valeur, et avait apporté un soin particulier à sa coiffure et à son maquillage. Elle ne prétendait certes pas rivaliser d'élégance avec les anciennes conquêtes de Tray, mais ne s'avouait pas vaincue pour autant !

— Merci, Tray.

Il n'était lui-même pas désagréable à regarder, dans ce costume sombre et cette chemise blanche. Elle ne lui fit cependant aucun compliment.

— Excuse-moi de t'avoir prévenue au dernier moment, mais je me suis aperçu hier soir que j'avais des billets pour ce concert, et j'aurais trouvé dommage de ne pas y assister.

— Je n'avais rien prévu ce soir, et je suis donc enchantée de t'accompagner.

C'était en fait leur première véritable soirée en couple. Mariés depuis un mois, ils avaient dîné ensemble au restaurant, avaient fait plusieurs fois l'amour, mais n'avaient jamais assisté à un spectacle ensemble.

Le concert fut à la hauteur de leur attente, et ils en sortirent enchantés. Enchantée, elle le fut davantage encore lorsque Tray l'emmena dans un restaurant à l'ambiance cosy, où il avait réservé une table pour deux.

— C'est ravissant, dit-elle en balayant du regard la pièce décorée dans un style qui rappelait les gravures du XIXe siècle.

— Un ami m'a recommandé cet établissement. C'est joli en effet, mais on n'y voit pas très bien.

Elle qui trouvait l'endroit romantique en diable…

A l'instar du cadre, les plats étaient raffinés et ils passèrent commande de mets français. Lorsque le serveur fut reparti, ils se regardèrent par-dessus la flamme des bougies. De quoi allaient-ils parler ? Pas d'Assistance Plus. Lianne refusait ce soir-là de se lancer dans une conversation à caractère professionnel. Elle ne tenait pas non plus à ce qu'ils abordent le sujet de leur curieux mariage. Mais qu'avaient-ils d'autre en commun ?

— J'ai un service à te demander, dit-il alors.

— Ah ?

— La maison de Richmond date des années vingt. Mon oncle y a fait pas mal de travaux pour la rendre plus confortable, quand il s'y est installé. Ces travaux remontent à trente ans, maintenant. J'envisage de confier à des professionnels tout ce qui relève de l'électricité et de la plomberie, mais je voulais me charger des peintures et de l'aménagement.

Elle hocha la tête, se demandant où il voulait en venir.

— C'est là que tu interviens, Lianne. J'aime beaucoup la façon dont tu as décoré ton appartement, et j'apprécierais ton aide.

— Eh bien… j'accepte avec plaisir.

Tray sourit et leva son verre.

— Dans ce cas, je porte un toast à notre nouvelle équipe !

Travailler en équipe créerait de nouveaux liens, en resserrait d'autres. Sa relation avec Lianne ne pourrait qu'en être enrichie.

Pendant le dîner, ils échangèrent avec enthousiasme quelques idées concernant ce projet, et décidèrent de passer le week-end à Richmond.

Le repas terminé, il raccompagna Lianne chez elle et se gara dans le parking de l'immeuble.

— J'accepte avec plaisir le café que tu ne m'as pas encore proposé ! dit-il avec un sourire gourmand.

— Oh… Oui, bien sûr.

— Puisque nous sommes dans la bonne tranche de calendrier…

Elle eut l'impression de recevoir une douche glaciale. Cette soirée à deux avait été si exquise, si spéciale… Et voilà qu'en quelques mots il lui rappelait que leur couple était différent de tous les autres couples.

— Bien sûr, répéta-t-elle d'une voix étranglée.

— Mais ? fit-il, la scrutant.

— *Mais* ? Je ne comprends pas…

— Tu as changé d'expression, Lianne. Quelque chose te chagrine.

— Absolument pas, voyons !

Et elle lui tourna le dos pour emprunter l'allée qui menait à l'entrée de l'immeuble. Si elle lui exposait le fond de sa pensée, il la prendrait pour une folle. C'était elle qui avait décidé de cacher leur mariage, elle qui ne voulait pas s'afficher avec lui à Assistance Plus, elle enfin qui refusait de s'installer chez lui. Après avoir tracé elle-même les limites de leur relation, elle aurait souhaité qu'il oublie tout de leur pacte !

Plus tard dans la nuit, alors qu'ils se livraient l'un à l'autre avec cette fougue qui leur était devenue coutumière, Lianne ne songeait plus du tout à la réaction qu'elle avait eue à leur arrivée. Chaque fois qu'ils s'embrassaient, elle oubliait le reste du monde. Chaque fois qu'ils faisaient l'amour, elle se croyait au paradis.

Elle aimait désormais cet homme. Elle profiterait de tous les moments merveilleux qu'ils passeraient ensemble, et si le sort leur permettait d'avoir un enfant, elle serait avec lui la plus heureuse des femmes.

Mais si le destin ne leur était pas favorable, elle devrait le laisser partir. Chercher à le retenir serait injuste. Elle était entourée de toute sa famille, elle, et pourrait s'occuper de ses neveux et nièces. Contrairement à Tray.

Un sourire flotta sur ses lèvres tandis qu'ils restaient agrippés l'un à l'autre, hors d'haleine. S'ils devaient se quitter, elle garderait toujours en elle le souvenir de ces étreintes intenses, pendant lesquelles elle avait l'impression d'être la femme la plus aimée au monde.

Ils arrivèrent à Richmond en fin de matinée. La maison vide était triste en ce jour gris de novembre, et pour ne pas se laisser gagner par la mélancolie, ils allèrent de pièce en pièce, déplaçant des meubles, échafaudant des projets, traçant des plans.

Le soir venu, ils mangèrent d'un bel appétit une pizza commandée par Tray, sans cesser de discuter des différents aménagements possibles.

— Il faudrait réserver une chambre d'hôtel, dit-il à la fin du repas.

Il n'avait cessé de penser à ce moment, depuis qu'il avait sorti leurs bagages du coffre de la voiture. Et il avait beau se répéter qu'il agissait ainsi pour mener à bien leur projet d'enfant, il savait que c'était faux. Il avait envie de Lianne.

Mais l'ayant vue souffrir quelques jours plus tôt, il avait aussi envie que leur désir d'enfant se concrétise.

— Une chambre d'hôtel ? répéta-t-elle, surprise. Je croyais que nous dormirions ici…

— Il n'y a qu'un lit à une place dans ma chambre, dans la chambre d'amis aussi… et je préférerais ne pas occuper celle de mon oncle.

— Bien sûr, je comprends. Mais je suppose que nous n'irons pas à l'hôtel chaque fois que nous viendrons. Ce serait stupide, en ayant cette maison. Il suffirait que tu achètes un lit plus grand pour ta chambre.

— C'est prévu, en effet. Cela dit, j'imagine que tu ne seras pas là tous les week-ends. Tu viendras plutôt à certaines dates…

Lianne sentit sa respiration se bloquer, et dut inspirer à petits coups. En guise de réponse, elle fit un léger hochement de tête.

— Tu pourras évidemment venir aussi souvent que tu le voudras.

Plaquant un sourire sur son visage, elle continua de griffonner quelques mots sur sa liste.

— De toute façon je ne serai pas toujours libre, le week-end.

Tray l'observait en silence. Il avait du mal à la cerner. Souhaitait-elle l'accompagner à Richmond chaque fois qu'il y viendrait, ou pas ? Il ne parvenait pas à trouver le ton juste, avec Lianne. S'il proposait qu'ils vivent sous le même toit, il avait l'impression de la harceler. S'il insistait sur la raison de leur mariage, il lui semblait parfois la froisser.

Lorsque la maison serait remise à neuf, il pourrait la louer, et ce serait un souci de moins. Lianne serait-elle enceinte, à ce moment-là ? Cesseraient-ils de se voir, de passer ensemble des nuits, des week-ends entiers ?

Il n'avait jamais été aussi proche d'une femme. Jamais non plus aussi… *bien,* avec l'une de ses précédentes conquêtes.

Cette pensée le déconcerta. Verrait-il en elle une possible compagne ?

Si elle portait son enfant, il voudrait qu'ils forment une famille. Pour le bien de cet enfant… ou pour *le sien* ?

Lianne se leva alors, son calepin à la main.

— Je voudrais vérifier un détail, dit-elle.

Et elle quitta la pièce.

Regardant sa place désormais vide, Tray se frotta le menton. Quelque chose perturbait sa compagne. Mais s'il ignorait la nature de ce quelque chose, il aurait du mal à y remédier.

Lianne traversa le couloir et sortit sous le porche. La nuit était tombée, la température avait chuté de quelques degrés, mais elle ne ressentait pas le froid.

Elle cligna des paupières pour refouler ses larmes. Tray ne l'aimait pas, ne l'aimerait jamais. Elle ne représentait pour lui qu'un corps féminin dans lequel grandirait peut-être un jour son enfant.

Si elle espérait un final de conte de fées, elle

se trompait. Les contes de fées n'existaient que dans les livres.

Que leur réservait l'avenir ? Même s'ils avaient un enfant, il n'était pas impossible, dans ces circonstances, qu'ils divorcent. Il verrait souvent son fils ou sa fille, et peut-être rencontrerait-il l'âme sœur par la suite…

Pas elle. A vingt-huit ans, elle venait de rencontrer celui qui aurait pu être son prince charmant, et elle allait déjà devoir y renoncer.

Elle eut soudain envie de rentrer chez elle, afin d'examiner la situation sous un autre œil. Si elle n'était pas enceinte ce mois-ci, elle s'interrogerait sérieusement pour savoir si elle devait rompre ou pas leur contrat.

Renoncer à une éventuelle naissance lui brisait le cœur. Mais poursuivre une relation avec quelqu'un qui ne souhaitait passer avec elle que quelques nuits par mois — et à des dates bien précises — était tout aussi douloureux.

La voix de Tray retentit derrière elle, la faisant sursauter.

— Que se passe-t-il, Lianne ?

— Rien. Je réfléchissais à l'aménagement d'un jardin d'été.

— Dans le noir ?

— Je n'ai pas besoin d'y voir pour me rappeler la disposition du jardin.

— Dans ce cas, tu n'as pas non plus besoin de rester là, à prendre froid.

— Tu as raison. Allons à l'hôtel, je suis fatiguée.

Cette nuit-là, quand ils se retrouvèrent dans les bras l'un de l'autre, elle ne pensa pas à un bébé mais aux beaux souvenirs qu'elle garderait de cette parenthèse.

10.

Deux semaines plus tard, Lianne se réveilla assez mal en point.

Elle avait évité le plus possible Tray pendant ce laps de temps. Le mardi qui avait suivi leur retour de Richmond, elle lui avait remis un rapport détaillé sur les modifications qui lui semblaient essentielles dans la maison. Quand il lui avait proposé de prendre contact avec des artisans, elle avait allégué un emploi du temps très chargé, et lui avait suggéré de s'adresser plutôt à Emily. A quoi bon s'investir dans un projet qu'elle ne verrait sans doute jamais fini ?

Et aujourd'hui elle ne regrettait pas sa décision. Les crampes qu'elle commençait à ressentir laissaient présager un nouvel échec. Elle n'était pas enceinte.

A quoi bon s'obstiner ? Elle ne le serait peut-être jamais.

Elle allait prévenir Tray de l'évolution de la

situation. Doté d'un caractère assez tenace, il ne se montrerait sans doute pas disposé à lâcher facilement prise. Mais elle ne voulait plus, elle, rester sur cette voie.

Il trouverait bientôt une femme avec laquelle il aurait plusieurs enfants, et son souhait serait ainsi exaucé. Elle se félicitait de n'avoir informé de ce mariage qu'Anna-Liz, qui l'avait répété à Dominic. Personne d'autre n'était au courant. Ce serait donc plus facile de tourner la page.

Malheureusement, elle n'avait guère envie de la tourner, cette page. Elle souhaitait toujours avoir un enfant avec Tray, le voir grandir entouré de toute sa famille, fêter ses anniversaires avec tous ses cousins et cousines, passer avec lui les étés au cottage de la plage.

Lorsqu'elle eut terminé son petit déjeuner, sa décision était prise. Il lui restait un certain nombre de jours de congé. Elle allait appeler Assistance Plus, et les passerait au cottage.

Avant de préparer ses bagages, elle appela sa sœur pour l'informer de sa décision.

— Tu retournes *encore* au cottage ? s'exclama Anna-Liz. Je me demande si tu n'y passes pas plus de temps en hiver qu'en été !

— J'ai besoin de réfléchir.

— De réfléchir à quoi ?

— A mon mariage, qui n'en est pas vraiment un… et à l'opération proposée par le Dr Wright.

— Tu serais prête à baisser les bras si vite ? s'étonna sa jumelle.

— C'est… assez complexe.

— Tu es amoureuse de Tray, n'est-ce pas ? Et il ne l'a pas remarqué ? Pourquoi ne pas lui en parler, Lianne ?

— Je ne crois pas qu'il ait envie de l'entendre. A la base, notre accord était différent.

— Bon. Je t'accompagne au cottage.

— C'est inutile. Je n'ai pas besoin de quelqu'un qui me tienne la main.

Mais soudain, elle eut envie que sa sœur vienne avec elle. Qui sait, peut-être y verrait-elle un peu plus clair en lui parlant !

— Passe me chercher en partant.

— D'accord. Sois prête vers 10 heures.

Elle mit quelques affaires dans un sac, appela Assistance Plus pour avertir de son absence, et, après quelques hésitations, appela aussi Tray.

— Je vais prendre quelques jours de congé, lui dit-elle. Je pars avec Anna-Liz. Au cottage, bien sûr…

— Y a-t-il un quelconque problème ?

— Non. Nous avons juste envie de passer

un peu de temps entre filles. Je t'appellerai à mon retour.

— En fait je pars moi aussi. A San Francisco, pour quarante-huit heures. Je serai de retour dimanche soir. Je passerai te voir en rentrant chez moi.

Sur le point de protester, elle n'en fit cependant rien. Il constaterait bien, le dimanche soir, qu'elle n'était pas chez elle. Et il serait trop fatigué, après le voyage, pour la rejoindre au cottage.

— D'accord. Je te souhaite un bon voyage. Pour affaires, j'espère, pas pour régler une situation de crise ?

— Non. J'y vais pour rencontrer un nouveau client.

— Parfait. Bon voyage, répéta-t-elle.

Puis, au bord des larmes, elle s'empressa de raccrocher.

— Il fait un froid glacial ici ! s'exclama Anna-Liz quand elles poussèrent la porte du cottage.

Elles avaient déjeuné à Waterford, puis s'étaient arrêtées faire des courses à l'épicerie et venaient d'arriver.

— Le chauffage fonctionne à merveille. En

attendant que la maison se chauffe, tu peux toujours emprunter l'un des châles de grand-mère.

— Bonne idée ! Et je vais aussi préparer du thé.

Lorsqu'elles eurent apporté leurs affaires dans leur chambre, elles s'installèrent dans la grande cuisine pour déguster une tasse de thé.

— Alors, raconte-moi tout.

— Tu connais plus ou moins la situation, Anna-Liz. Nous ne nous sommes pas mariés parce que nous étions follement amoureux l'un de l'autre, Tray et moi, mais parce que nous désirions ardemment avoir un enfant.

Elle soupira.

— Les données sont un peu différentes, maintenant. *Je* suis amoureuse de lui, et il semblerait que nos… efforts n'aient pas porté leurs fruits. Dans ces conditions, je ne vois pas pourquoi je m'obstinerais à vouloir prolonger ce mariage.

— Tray t'a-t-il dit qu'il souhaitait divorcer ?

— Non. Mais ce serait injuste de…

— Pourquoi ne pas adopter ? suggéra Anna-Liz, lui coupant la parole.

Lianne haussa les épaules.

— J'aurai peut-être recours à cette solution,

un jour. Mais je n'ai pas à l'imposer à Tray. Il n'a plus du tout de famille, je comprends qu'il veuille avoir des enfants qui soient la chair de sa chair, le sang de son sang.

— Mais pourquoi baisser les bras si tôt ?

— Je n'ai pas le choix, Anna-Liz. Plus j'attendrai, plus ce sera difficile pour moi.

Tray atterrit ce dimanche-là à 17 heures à l'aéroport de Washington. Il était très satisfait de sa rencontre avec ce nouveau client.

Installé au volant de sa voiture, il se dirigea aussitôt chez Lianne. Au fur et à mesure qu'il approchait de chez elle, son envie de la voir se faisait plus pressante. Il allait l'inviter à dîner. Et ensuite…

Mis il eut beau sonner à sa porte, frapper, celle-ci resta désespérément close. Surpris, il décida de l'appeler sur son portable.

Ce fut sa jumelle qui décrocha.

— Bonsoir, Anna-Liz, Tray à l'appareil. J'aurais voulu parler à Lianne.

— Elle est couchée. A cause de ces maudites crampes.

— Oh…

Elle n'était donc pas enceinte.

— Bien. J'arrive.

— Non, Tray. Elle ne se sent pas très bien, et n'a donc envie de voir personne.

— Mais je suis *son mari* ! Je peux m'occuper d'elle, tout de même !

— Pour le moment nous n'avons pas besoin de vous. Elle vous rappellera.

Sur ce, elle mit fin à la conversation, et il referma son portable d'un geste sec. Soit. Il ne se manifesterait pas ce soir, mais s'il n'avait aucune nouvelle, il irait le lendemain au cottage.

Son téléphone sonna à 21 heures. C'était Lianne.

— Comment vas-tu ?

— Mieux. Anna-Liz vient de me préparer une soupe, que j'ai mangée avec des crackers. Elle m'a dit que tu avais appelé. Comment s'est passé ton voyage ?

— Très bien, merci. Je serai au cottage demain matin.

— C'est bien ce que je craignais. Voilà pourquoi j'ai préféré t'appeler ce soir. Ne viens pas, Tray.

— Que se passe-t-il au juste, Lianne ?

— Rien. Tout ! Je ne suis pas enceinte, et j'en ai assez de lutter contre l'inéluctable.

— C'est-à-dire ? insista-t-il d'une voix blanche.

— C'est-à-dire que je vais me fier au premier avis médical qui m'a été donné. C'est-à-dire que tu vas reprendre ta liberté, et moi la mienne.

— Mais, Lianne…

— Nous allons divorcer, et l'affaire sera réglée.

Il serra les mâchoires.

— Supposons que je ne veuille pas divorcer.

— Tray…

Puis elle se tut, et le silence s'installa sur la ligne pendant quelques secondes.

— Tu trouveras une autre femme, avec laquelle tu pourras faire une dizaine d'enfants si ça te tente.

— Lianne, ce que je veux…

Mais elle ne le laissa pas poursuivre et raccrocha. Soupirant, il fixa le petit combiné muet avant de passer dans sa chambre préparer quelques affaires et mettre des vêtements chauds.

Les rues de Baden Harbor étaient noires et désertes. Arrivé devant la porte du cottage, il dut frapper à plusieurs reprises pour se faire entendre.

Anna-Liz finit par lui ouvrir et le fixa, effarée.

— Mais… Lianne m'a dit qu'elle vous avait eu au téléphone, et qu'elle vous avait expliqué que tout était fini entre vous.

— C'est sa version, pas la mienne !

Lorsqu'elle le vit entrer dans sa chambre, Lianne, qui s'était assoupie, ouvrit grand les yeux.

— Que fais-tu là ? Je viens de t'expliquer que… qu'il est inutile que nous restions mariés. Je ne peux apparemment pas avoir d'enfant, et donc…

— Et donc tu vas m'écouter, maintenant ! Je refuse de divorcer, Lianne. Si tu peux avoir des enfants, tant mieux. Et si tu ne peux pas, nous trouverons bien un moyen d'en avoir. L'adoption, par exemple. Mais une chose est sûre : je n'envisage pas de renoncer à celle que j'ai choisie pour être la mère de mes enfants !

Elle cligna des paupières et, oubliant soudain les douleurs qui l'avaient gardée alitée toute la soirée, se redressa dans le lit.

— Tray…

— Je t'aime, Lianne, et cet amour est ce qu'il

y a pour moi de plus important. Après tous les moments que nous avons partagés depuis notre mariage, je ne m'imagine pas vivre sans toi. J'y ai songé pendant tout le trajet : c'est impossible. Nous sommes deux maintenant, et c'est là tout ce qui compte. Peut-être un jour serons-nous trois, quatre, mais aujourd'hui, ce chiffre pair me convient très bien. Nous formons un couple. J'espère que… tu ne vas pas vouloir divorcer, Lianne.

Un sourire tremblant aux lèvres, elle lui ouvrit les bras, et ils restèrent serrés l'un contre l'autre pendant très longtemps. Ce fut elle qui leva enfin le visage vers lui.

— Je t'aime aussi, Tray. Mais, au risque de te contrarier, je dois te dire que nous ne sommes pas que deux… Quand ma famille au grand complet te connaîtra, tu risques d'être assailli de toute part !

Dix jours plus tard, ils entraient ensemble dans le cabinet du Dr Wright.

— Asseyez-vous, leur dit celle-ci. Je viens de recevoir les résultats de votre prise de sang, madame Elliott. Et je ne vais pas pouvoir vous donner mon assentiment pour cette opération.

Tray et Lianne se dévisagèrent, étonnés.

— Ça ne me semble pas très approprié, poursuivit-elle avec un petit sourire.

— Vous m'aviez pourtant dit…

— Je m'en souviens très bien, en effet. Mais il se trouve qu'à l'époque vous n'étiez pas enceinte.

— *Enceinte* ? répéta Lianne, stupéfaite.

Tray lui avait pris la main et la serrait dans la sienne.

— C'est impossible, docteur, reprit-elle. Il y a une dizaine de jours, je…

— Je sais, madame Elliott. Votre corps a réagi d'une façon un peu particulière, mais les résultats sont là : vous êtes bel et bien enceinte. *De jumeaux* !

En entendant la double clameur de joie, les patients assis dans la salle d'attente échangèrent des regards amusés.

HARLEQUIN

PROCHAIN RENDEZ-VOUS LE

15 mars 2009

collection Horizon

NOCES DE PAPIER, de Teresa Carpenter • n°2207

Abandonnée par le père de son bébé à naître, Jesse se voit contrainte à renoncer à son rêve le plus cher : fonder une famille solide et unie. C'est alors qu'elle fait la connaissance de Brock Sullivan, un homme merveilleux qui, sans vraiment la connaître, lui propose de l'épouser et de donner son nom à son enfant... Mais que vaut un mariage dicté par le seul sens du devoir ?

LA FIANCÉE DES DUNES, de Nicola Marsh • n°2208
Architecte de renom, Bria Green n'a jamais eu le temps de songer à l'amour. Mais sa rencontre avec Sam Wali change tout. Très vite en effet, elle est sûre d'avoir trouvé en cet homme d'affaires un rien ténébreux, son âme sœur. Jusqu'à ce que, à la faveur d'un voyage à Adhara, un minuscule royaume du golfe Arabique, elle se rende compte de sa méprise...

UN MARI POUR LA VIE, de Natasha Oakley • n°2209
Jamais Freyia n'a rencontré de célibataire aussi séduisant que Daniel Ramsay, un ami de sa famille. Et jamais, pourtant, elle n'a été aussi réticente à l'idée de s'engager dans une relation amoureuse. Une attitude que Daniel semble comprendre, et partager, ce qui, au lieu d'inciter la jeune femme à prendre ses distances, l'attire irrésistiblement...

RÉUNIS POUR TOUJOURS, de Fiona Harper • n°2210
Quand sa meilleure amie lui propose de participer à une chasse au trésor pour soutenir l'association caritative qu'elle a fondée, Fern accepte sans hésiter. Elle ne tarde pas à regretter sa décision en apprenant que son co-équipier n'est autre que le très séduisant Josh Adams, pour qui elle nourrissait, adolescente, des sentiments très forts... et non partagés.

Attention, numérotation des livres pour le Canada différente : n° 927 au 930.

www.harlequin.fr

A paraître le 1er mars

Best-Sellers n°366 • roman

Blonde Geisha - Jina Bacarr

Selon les préceptes japonais les plus anciens, la sexualité et les fantasmes érotiques doivent rester des secrets bien gardés. Pourtant, à quinze ans à peine, la jeune Américaine Kathlene Mallory va entrer dans le monde sensuel des geishas quand son père, afin de la protéger de la menace qui pèse sur elle, la place dans une maison de thé. Commence pour elle une savante initiation à l'art de donner du plaisir aux hommes, qui la conduira à l'ultime rituel des apprenties geishas : la vente de sa virginité. Mais celui qui réclame le droit de payer pour un tel honneur, le cruel baron Tonda, n'est pas l'homme pour lequel la jeune fille brûle d'un désir secret. Pire, il est celui qui ruinera la maison de thé, et mettra la vie de Kathlene en danger, s'il n'obtient pas ce qu'il désire…

Best-Sellers n°367 • thriller

Disparue - Chris Jordan

Maman, j'ai besoin de toi. S'il te plaît, il faut que tu…

Brusquement, la communication est coupée. Pour Jane Hartley, mère célibataire à Long Island, le cauchemar commence : sa fille a disparu. Pourtant la police, qui retient la thèse de la fugue, refuse de lui apporter son aide. Désemparée et morte d'angoisse, Jane se tourne vers Randall Shane, un enquêteur privé spécialisé dans les disparitions d'enfants, pour retrouver sa fille. Car le temps presse, et le ravisseur, implacable, ne reculera devant rien pour voir ses exigences satisfaites…

Best-Sellers n°368 • thriller

Dors petit ange - Gwen Hunter

En Caroline du Sud, plusieurs fillettes ont disparu. Elles ont toutes été retrouvées enterrées, le corps positionné avec soin, comme si elles dormaient paisiblement…

Quelques mois plus tard, Ashlee Davenport, infirmière légiste, découvre un cadavre de fillette enseveli dans sa propriété de Chadwick Farms. Bouleversée, elle est prête à tout pour mettre un terme à cette folie meurtrière. Même à mettre sa propre vie en danger. Et sa détermination a éveillé l'intérêt de l'assassin…

BestSellers

Best-Sellers n°369 • thriller

Et la mort nous séparera - Gayle Wilson

Sur les marches du tribunal d'où l'assassin de son petit garçon sort en homme libre, Sarah Patterson s'apprête à tirer. Au moment où le regard de la jeune femme croise celui du serial killer, un policier l'empêche d'appuyer sur la détente. La rage au ventre, Sarah se jure d'exécuter sa vengeance, quoi qu'il lui en coûte. Même si le tueur, fasciné par cette femme prête à tout pour venger son enfant, rôde autour d'elle…

Best-Sellers n°370 • roman

La maison bleue - Sherryl Woods

Cadre dans les relations publiques, à New York, Hannah Matthews est une battante vers laquelle on se tourne en cas de crise. Et, bien qu'étrangère à toute idée de superstition, elle commence à s'interroger : n'y a-t-il pas un fond de vérité dans le vieil adage qui dit « Jamais deux sans trois » ? Car après avoir remporté une victoire contre la maladie, voilà qu'elle apprend que Jenny, sa mère âgée de 85 ans, refuse de vendre La maison bleue – vieille auberge délabrée sur une île de Floride, et que sa fille, Kelsey étudiante et âgée de 20 ans, est enceinte. Contrainte de se rendre de toute urgence en Floride, Hannah va reprendre – provisoirement —, la direction de La maison bleue. Et tenter d'aider sa fille… Mais elle ignore que Luke Stevens, l'homme dont elle était jadis amoureuse, est revenu lui aussi sur l'île pour réfléchir à son avenir…

Best-Sellers n°371 • historique

Le seigneur de Lochraven - Shannon Drake

Ecosse et Angleterre, 1561

Lady Gwenyth MacLeod, dame de compagnie favorite de la reine d'Ecosse Mary Stuart, est chargée par cette dernière d'une délicate mission : se rendre au palais de la reine Elisabeth d'Angleterre et convaincre la souveraine de ratifier son testament afin que Mary hérite de la couronne anglaise. Pour l'aider à mener à bien les négociations, Gwenyth se voit imposer la présence d'un chevalier proche de Mary : lord Rowan Graham, seigneur de Lochraven, un homme aussi mystérieux et indomptable que les Highlands sauvages dont il est natif. Un homme marié dont, d'emblée, la rude séduction envoûte et menace Gwenyth…

BestSellers

Best-Sellers n°372 • suspense

Le sang du silence - Christiane Heggan

1986. A New Hope, Pennsylvanie, une jeune fille du nom de Felicia est retrouvée assassiné. La police incarcère un simple d'esprit. Les rumeurs prennent fin dans la petite ville.
2006. Grace McKensy, conservateur de musée à Washington, apprend que son ancien petit ami, Steven, vient d'être assassiné à New Hope, où il tenait une galerie d'art. Grace va découvrir, avec l'aide de Matt, un agent du FBI originaire de la petite ville, qu'un silence suspect recouvre ces deux crimes… et qu'un terrible lien les unit, enfoui dans le passé de New Hope.

Best-Sellers n°373 • suspense

Le secret brisé - Jasmine Cresswell

Sa vie n'a donc été qu'un mensonge ? Lorsque Jessica Pazmary apprend qu'elle porte depuis toujours le nom d'une autre, elle est en état de choc. Elle n'était qu'une enfant lorsque ceux qu'elle prenait pour ses parents ont péri dans un accident de voiture. Et voilà qu'elle découvre, à trente ans, que ce couple n'a eu qu'une petite fille, morte en bas âge d'une leucémie… Jessica entame alors des recherches pour briser le secret de sa véritable identité. Même si elle doit déterrer des vérités destinées à rester enfouies à jamais…

Best-Sellers n°374 • roman

Le destin des Castelli - Jackie Collins

Quel lien y a-t-il entre Dani, danseuse à Las Vegas, Madison, brillante journaliste new-yorkaise et Vincent, businessman richissime et ambitieux ? Un homme Michael Castellino, dit Castelli. Un homme, pris dans un engrenage de trahison et de vengeance, et au destin duquel est indissolublement lié celui des trois autres. Car seul le passé sulfureux de Michael explique pourquoi il n'a jamais épousé Dani, bien que fou amoureux d'elle et père de deux de ses enfants. Seule la découverte de ce père secret, à qui il ressemble tant, permet à Vincent de comprendre d'où il vient. Seules les erreurs et les troubles fréquentations de Michael sont cause du danger que court à présent Madison …

Composé et édité par les
éditions Harlequin
Achevé d'imprimer en janvier 2009

BUSSIÈRE
GROUPE CPI

à Saint-Amand-Montrond (Cher)
Dépôt légal : février 2009
N° d'imprimeur : 82032 — N° d'éditeur : 14089

Imprimé en France

Composé et édité par les
éditions Harlequin
Achevé d'imprimer en janvier 2009

BUSSIÈRE
GROUPE CPI

à Saint-Amand-Montrond (Cher)
Dépôt légal : février 2009
N° d'imprimeur : 82032 — N° d'éditeur : 14089

Imprimé en France

Chères lectrices,

Retrouvailles amoureuses, désir d'enfant, nouveaux départs, rencontres inattendues... Autant de thèmes chers à votre collection Horizon, et que vous retrouverez, ce mois-ci, dans les 4 titres que nous avons sélectionnés pour vous.

Le plus émouvant, *Bébé tendresse* (n°2203), réunit, près de vingt ans après leur cruelle rupture, Nell et Jacob, qui ont jadis vécu une passion contrariée. Contre toute attente, c'est grâce à un enfant qu'ils vont renouer le fil de leur histoire...

Avoir un bébé : c'est le rêve de Lianne qui vit depuis toujours dans l'espoir de fonder une famille. Mais le hasard vient bouleverser ses plans, allant jusqu'à lui faire perdre *Le goût du bonheur* (n°2204).

Jennifer a, pour sa part, été tellement malmenée par la vie qu'elle doute de pouvoir aimer encore... Jusqu'au jour où elle rencontre un homme qui, par sa seule présence, a le pouvoir de l'aider à dépasser ses limites. Mais lui, est-il prêt à les franchir avec elle ?

Enfin c'est *Un amour à toute épreuve* (n° 2206) qui finira par réunir Chase et Megan, tous deux pourtant très réticents à s'engager. Mais il faudra pour cela toute la fantaisie et la tendresse de Cilla, Tim et Rudy, trois petits diables en mal d'affection...

Bonne lecture, et rendez-vous en mars !

La responsable de collection